台湾日記

TAIWAN DIARY

KENGO
KOBAYASHI

小林賢伍 著

台湾日記 Taiwan Diary

亞洲的寶島，臺灣。

臺灣的美，不是用肉眼就可輕易看到。

臺灣人的心，宛如清水一般透明。

臺語，以代代口語相傳而著名。

臺灣原住民與他們祖先的牽絆，以一條看不見卻堅固的線連結著。

到底該怎麼去傳達呢？

我並沒有其他選擇，答案非常簡單。

用眞誠的心去面對每一顆心，

接著按下快門，記錄下每個瞬間，拍下每個源頭。

而現在我想透過這本書，

將這塊翡翠大地的美傳達到世界各處。

攝影師 / 旅行作家

小林賢伍

－給本書的讀者－

爲了想要讓日本的讀者們也可以分享這些內容，因此部分內容有附
上精簡版日文原稿。但是因爲文字表現及字數的關係，所以兩邊對
照起來會有一些不一樣。這部分還請各位諒解。謝謝。

台湾日記 Taiwan Diary

アジアの宝島、台湾。
台湾の美は、目には見えない。
水のような透明感を保つ、台湾人の心。
代々受け継がれる言語で知られる、台湾語。
祖先との絆が強固な糸で結ばれている、台湾原住民。

一体どう伝えるべきだろうか。

選択肢がある訳でもなく、答えはシンプル。
心には、心で向き合う。
シャッターを切る。一瞬一瞬を記録する。
源を撮る。

そしてわたしはいま、この本を片手に、
翡翠大地を世界へ届ける。

写真家 / 旅行作家
小林賢伍

－日本の皆様へ－
母国、日本の読者様へ届けたい一心で日本語記録付きですが、言
葉の表現、字数の関係で両国言語の不一致箇所があります。予め、
ご了承くださいませ。皆様を台湾で待っています。

目錄
目次

祕境

所謂的祕境是，
幾乎沒有人造訪過的地方，
又或是還不太爲人知的祕密基地。

地球經過數億年創造出來的大地綻放出的
光芒、亮彩，有時還有火花，
在遠離人類的地方沉睡著，
而我將把屬於翡翠大地的片段記錄下來。

在海的另一邊，
有一個不可思議的國家。

你好，臺灣。

秘境

秘境とは、
外部の者が足を踏み入れたことがない地。
一般に殆ど知られていない秘密基地。

数億年をかけて地球が形成した大地が放つ
光り、輝き、時々、煌めき。
人里から離れたところに眠る、
翡翠大地の片鱗を記録。

海を渡った先に、
不思議な国がありました。

你好、台湾。

SPOT
南 東西
北

-001-

聖母 山莊登山步道

井然有序的
碧綠世界正擴展著

位於宜蘭縣礁溪鄉五峰旗瀑布風景區上方，海拔 908 公尺、徒步單程約 2 小時 30 分鐘。登山步道主要分為兩部分，前面是五峰旗瀑布至通天橋的產業道路，步行距離約 3.7 公里；而抵達通天橋後，1.6 公里長的「聖母山莊登山步道」於此正式展開，此段為山徑步道，盡頭為「聖母山莊」。

抹茶山

那天我穿著海灘褲，腳下踩著一雙涼鞋，宜蘭的天氣正如「竹風蘭雨」這句俗諺形容的一樣無法預測，在毫無任何準備的情況下登山的我早已疲勞困頓，尤其是從入口開始的5.3km，真的有夠漫長。其實，在還沒實際看到美景之前，我們也滿懷疑前方真的有什麼漂亮的景色在等著我們嗎？但是，在走出森林，三角崙山頂忽然映入眼簾的瞬間，我突然覺得這一切都值得了。三角崙山彷彿一座壯大而飽滿的抹茶山，我想，這便是人稱的絕世美景、人稱的神仙祕境吧？相較於被世人美譽為「巨人戰後所留下的遺跡——菲律賓巧克力山丘」，毫不遜色。雖然在天氣變化大的宜蘭登山需做好萬全的準備，不過可讓人觀賞到這般特殊條件及大自然所孕育出來的獨特景色，所以趕快親自來一趟吧！

抹茶山

あの日、わたしは海水パンツとサンダルを履いていた。だが、宜蘭は竹風蘭雨と謳われる、まさに予測不能な天候だ。準備不十分の登山は容易に疲労を感じさせた。入り口から5.3 km、十分な距離がある。登山道中、この先には一体どのような景色があるのだろうかと、憶測と疑惑が交錯する。しかし、どうだろうか。森林を抜け出し、目の前に広がる景観は不安を吹き飛ばし、この地を訪れる価値を瞬時に生む。壮大な抹茶の山。人里離れた地に、これほどまでに神秘的な秘境があったのか。巨人が歩いた遺跡と題されるフィリピンの絶景チョコレートヒルズにも全く引けを取らない秘境。天候が変わりやすい宜蘭の登山では万全の準備が必須であるが、特殊な条件と大自然が生み出した唯一無二の奇景を発見できた。さぁあなたも出発しよう！

衝突的美感！體驗生命與自然美學

SPOT
南 東 西
北
-002-

櫻花陵園

櫻花陵園位於礁溪烘爐地山東南方處，距離宜蘭市區約 30 分鐘的車程。此園區是民主運動先驅蔣渭水先生的移葬之處。雖爲墓園，但經由建築師的設計，打造出一座彷彿充滿現代化風格的櫻花公園。照片拍攝處爲「渭水之丘」，位於園區最上方的 C 區，海拔高度約爲 800 公尺，可以俯瞰整個蘭陽平原。

來自望海之丘

大風颳起，花瓣紛飛，藍天底下是一望無際的廣大田野，從山丘可以眺望到遠處的龜山島。這裡究竟是什麼地方呢？

這裡是位於宜蘭高處上的墓地，顛覆大家對墓地的既有印象，呈現出獨特且幽美的景色。被風吹得不停搖擺的芒草在夕陽的照射下閃爍著金黃色光芒。每到春天，櫻花綻放，因此名為櫻花陵園，別名渭水之丘。在這個與海風為伍的地方緬懷靜靜離去的故人，抬頭望向藍天，這裡是能讓人回顧過去、展望未來的場所。

海が見える丘から

風が吹き、花が舞う。大空の下、丘から見る広大な田んぼと亀山島。ここは、一体。

宜蘭の高台に墓地がある。一般的なお墓の印象とは大きく異なり、綺麗な場所だ。風に揺られるススキが夕焼けの光を受け黄金色に輝く。毎年の春、桜が開花し咲き乱れる。ここは、櫻花陵園。別名、渭水の丘。海風と隣り合わせのここから、そっと亡きひとを想い、空を見上げる。過去を懐かしみ、未来を向く場所。

注意事項

①此處是墓園而非觀光景點，請盡量保持肅靜，避免大聲喧嘩。②請共同維護園區環境清潔，自己的垃圾請自行帶走。③宜蘭縣政府已設立禁止攀爬的警告標示。④因位處山上常有強風吹拂，建議攜帶防風保暖衣物，並注意安全。⑤路上可能會偶遇猴子等野生動物，盡量避免驚嚇牠們，並注意安全。⑥內有廁所。

SPOT
東
南 西
北

-003-

鷹石尖

鷹石尖位在宜蘭縣頭城鎮大溪里旁的山頂上方，是一座突出於懸崖邊的巨石，海拔約 400 公尺，由於狀似盤踞山頂上方老鷹的喙嘴故名之。近可俯瞰蜜月灣、大溪漁港、大溪車站及濱海公路，遠可盡收太平洋無敵海景，天氣晴朗時還可看到遠方的龜山島。目前已被規劃為私人土地，禁止遊客進入。

開啟 360 度環景拍照模式！
已成絕響的崖上觀景臺

注意事項

國有財產局已將此處承租給農民，現屬於私人土地，且因安全考量，已於 2016 年底架網封閉，禁止民眾進入。

地址：入口處在宜1線鄉道約6K處（明山寺附近）
備註：已封閉

風起

站在凸出的岩石上感受海風，視野良好開闊，讓人可遠眺一望無際的大地美景，彷彿自己化身爲一隻翱翔天際的雄鷹。此地很可惜地目前已無法進入，而這是2015年拍攝的祕境攝影紀錄。

在聖境北歐有一個著名的景點叫做「巨人之舌」（又稱惡魔之舌），是我現在最想去的地方。站在這裡，我相信我找到了亞洲的巨人之舌。臺灣的自然風景，真的無論在什麼時候都可以療癒我的內心。我覺得一個國家重要的不是國土的大小，而是擁有多少好的資源。

風立ちぬ

出っ張る岩石上。海風に吹かれる。美しい大地は、目の前に。視界は良好。気分は、飛び立つ。2015年、惜しくも立入禁止になった祕境記録。

今最も望む景観、北欧ノルウェーの聖域トロルの舌を彷彿とさせるアジアの舌。台湾の自然は、いついかなる時も、私の心を癒す。大切なのは、国土の大きさではなく、資源の質。

仙洞巖最勝寺

傳說曾有仙人在此修煉！
彷彿動漫場景中能取得重要寶物的
古老隱藏洞穴

注意事項

①請保持安靜。②自己的垃圾，請自己帶走。③在「一線道」細窄的石縫道內，
只能單線通行，請來往參觀的遊客互相讓步。④洞內濕氣較高，地面上偶有潮
濕積水，要注意腳步。⑤出口旁有廁所。⑥因屬重要歷史古蹟，請不要在內側
岩壁上留下任何記號。⑦內部雖有設置電燈，但通道內狹窄昏暗，請小心通行。
⑧廟前有一小型免費停車場，可開車前往，也可在基隆火車站搭乘公車。

地址：基隆市中山區仁安街 1 號

根據文獻紀錄記載，仙洞巖於西元 1872 年，開始於內部供奉和祭祀神明。歷經時代演變，兩側岩壁上還留有古老雕像及字跡，包含了佛教、道教，以及日本的神道教，充分展現了臺灣在民俗宗教信仰文化上的包容特質。此地已有近 150 年的歷史，是一天然形成的海蝕洞穴，深度約 80 公尺。進入主洞後，內部會再分為左洞及右洞。仙洞巖不論是在天然地理形成上，或是在文化歷史發展上，都深具重要意義。

在古老石廟祈禱

幽閉恐懼症者請勿前往此處。

在基隆市某個港口附近，有一座受到岩壁守護的寺廟。一踏進寺廟內就可以聞到線香的香味，讓人自然感受到內心的平靜。在廟的後方有一條小路，入口處的看板寫著，「一次最多 10 人通過」。

我到過世界上許多國家，這應該是我這輩子看過最狹窄的路了，狹窄到需要勇氣才能通過。我彎曲著身體，有時匍匐前進，一步一步地往深處邁進。就在擔心回程該怎麼走回去時，突然就來到了一個比較寬廣的洞窟。岩石上布滿了青苔，壁畫上刻著難以解讀的古老文字。到底這些壁畫是在怎樣的時空背景下被創造出來的呢？這個誕生於岩石的仙洞巖，充滿了不可思議的神祕魅力。

古き岩石の祠で祈る

閉所恐怖症の方は、立入禁止。

基隆市のとある港の近く、岩壁に守護されるお寺がある。一歩足を踏み入れると、お線香の煙が漂い心に安静を灯す。お寺の奥には噂の一本道と看板「一回の通行、最大 10 名まで。」

世界を旅してきたが、人生史上最も狭い。勇気も必要だ。身体を曲げ、時に匍匐前進し、一歩一歩。帰り道が不安になってきた頃、大きな空洞に到着。岩肌には苔が這う。古代文字だろうか解読不可な壁画が刻まれている。一体どのような時代が創造したのだろう。岩石に生まれた仙洞巖には、不可思議な魅力があった。

危險背後的美麗！
隱藏在礦坑遺跡旁的險峻山道中

幼坑瀑布

約在西元 1948 年開始，這裡是煤礦業開採的重要通道，因此現在古道的途中還是可以看到當時的工作室等遺跡。「坑」意為峽谷之意，幼坑瀑布是位在山壁內凹處，水流由上往下流經九個斷層後，所形成的壯觀瀑布奇景。由三貂嶺車站前往的話，途中會經過幼坑隧道，需穿越右側的魚寮山步道才可到達。建議可選擇從大華車站前往，途中還可欣賞已被列為自然保護區的大華壺穴，步程只需約 40 分鐘。

地址：新北市平溪區 (平溪線鐵路三貂嶺車站與大華車站之間的鐵道旁)

九層瀑布

平溪鐵道旁的瀑布？山路非常的危險？可能會找不到？網路上的資訊更加激發了我的好奇心。

實際上，山中小徑超乎我們想像的不好。因爲下雨的關係，地很滑，也沒有任何扶手。有些地方的路非常小條，我想如果不小心滑落的話，可能也無法爬上來。山中沒有訊號，還碰到野生小鹿，讓人再度確認眞的非常危險。但是，當我抱著不放棄的決心努力穿越這裡後，終於讓我找到了，而且眞的就在鐵路旁邊而已。

幼坑瀑布別名爲九層瀑布。在日本，水落下處有三個以上的瀑布被稱爲「段瀑」，這裡眞的就像是階梯一樣的瀑布，而且就算多次因爲青苔差點滑倒，還是無法停止地一直按下快門。這個地方的危險程度應該破表了，但是，這也是這個祕境的特色。

九層の滝

鉄道平溪線沿いの滝？危険極める山道？発見困難？ネット上に並べられた体験談が好奇心を駆り立てる。

事実、山道は想像絶する過酷さだ。小雨で土は滑り、手すりもない。所々道は狭く、不注意で落下すれば戻ってこれないだろう。電波も無し、野生に子鹿の遭遇し、危険を再確認。しかし、諦めずに進み続けた先、やっとの思いで見つけたんだ。線路の真横。ほんとうだったんだ。

幼坑の滝。別名は、九層の滝。日本では滝の落下場所が3箇所以上ある滝に付けられる名、段瀑。まさに階段のような滝。苔に足を何か取られながらも、シャッター音が暫し続く。危険度で言えば、トップクラスだろう。しかし、これもまた、秘境の特徴だ。

注意事項

①由於地勢複雜危險，路程不好行走，強烈建議不要一個人前往爬山。②山上會有毒蛇及動物出沒的可能性。③自己的垃圾，請自己帶走。④位處山中區域，昆蟲很多，請務必準備驅蟲劑噴霧。⑤路途中的隧道內，鐵道兩旁的避車空間十分狹窄，且根據鐵路法明令規定，不得隨意通行火車隧道內部，因此不可直接穿越隧道，需改由其他安全路線前往。⑥建議事先查詢火車時刻表，小心注意旁邊鐵道火車通行時間。⑦若遇雨天，路程中會有積水泥濘，建議穿著防滑鞋子，並注意腳步。⑧瀑布水量會因天候而受到影響，有可能會有與照片不同的景色。

SPOT
-006-

東
西
南
北

淡蘭古道

這條重要的百年歷史交通古道，從「淡水廳」至「噶瑪蘭廳」，一路橫跨了現今的臺北、新北、基隆及宜蘭等四個縣市，當時主要分為北路（歷史官道）、中路（生活民道）、南路（產業商道）三段。這次探訪的是位於中路的北勢溪古道，可由雙溪區泰平村進入。早期此處屬於往返「淡、蘭」兩地旅人的中繼站，一路上還可看到用石磚砌造的福德宮等，乘載了許多當時殘存下來的痕跡與記憶。

似夢非夢！
找尋小時候回憶中的動畫場景

龍貓之道

建立於大正時代的古老祠堂，穿越樹葉灑落於地面的陽光，純淨的天然泉水，蒼翠欲滴的樹林，理想的臺灣假日就從這個距離都心不遠的淡蘭古道展開序曲。

「這個淡蘭古道使用了傳統技法來整修道路，搬來岩石鋪在本來難以行走的地方，並且為了不讓雨水破壞道路，還做了排水溝。在進行工程時，最重視的是，不去破壞自然生態及景觀。這裡被政府判定為禁止開發地區。流水清澈見底，這些水接下來會成為大臺北地區的飲用水。」

這段話來自進行古道修補工程的導覽員口中。經由他們手中重生的古道，在短短幾年間就長出青苔，與原先建造於數百年前的古道合為一體。在這個不時可聽到破壞地球環境新聞的時代，山脈再生竟然可以用這樣的方式進行，真是讓我大開眼界，他們的用心也讓人難以忘懷。

這條古道讓人可感受到宮崎駿導演的世界觀，因此我將這裡取名為龍貓之道。

トトロの道

大正時代に建てられた祠、木漏れ日、純粋な天然水、新緑の樹林。都心からそう遠くない淡蘭古道から、理想の休日が始まる。

「この淡蘭古道では伝統技法に則り、道を整理する。岩石を運び雨水が道を破壊しないように排水溝を作る。作業工程で最も重視することは、自然の生態系や景観を破壊しないこと。この地域は開発不可と政府に定められている。透き通った水は、台北エリアの飲み水になるんだ。」

補正担当のガイドさんが教えてくれた。人の手で蘇生した古道には、数年で苔が生え、数百年の時を繋げる。自然破壊、地球の環境破壊などで新聞を賑わす時代、山脈再生にもこういう形があるのかと視界も変わってくる。忘れられない心意気だ。

宮崎駿監督の世界観を感じるこの古道に、わたしはトトロの道と名づけた。

注意事項

①山上會有動物（龍貓？）出沒的可能性。②雖然沒有極陡升降坡，但建議準備簡易登山用具。③請勿觸摸具有歷史痕跡的石碑。④自己的垃圾，請自己帶走。⑤屬空曠地方，需注意防曬。⑥有些地方的路上長有青苔，要注意腳步。⑦古道旁的河川不可戲水。

孝子山

平溪區因長年來受地層擠壓作用等影響，形成了尖峰處處的特殊丘陵縱谷地形，每座山都是陡壁峭立，其中又屬孝子山最為險峻，海拔高度約 360 公尺。從平溪火車站往西南方走，穿越 106 縣道後，即可到達登山口。從登山口開始攀至山頂，只需約 20 分鐘，路程雖短，但地勢極為陡峭，尤其是在最後一段攻頂的懸空鋼梯，十分挑戰心臟強度。

挑戰垂直離開地球表面！

試求懼高症者心理陰影面積！

懸崖祕境，孝子山

在著名觀光景點十分之後有一處懸崖祕境。

從停車場沿著石頭鋪成的道路走幾分鐘後，突然眼前出現了兩座階梯。基於日本的某個迷信：猶豫時就往左走，因此我們選了左邊的階梯往上走去，冒險就此展開序幕。岩石上插滿鐵條，在鐵條上綁上鐵鍊串成扶把，將自己的生命交給這些扶把，一步一步往上爬。突然前方的青年們停下腳步，轉頭跟我們說：「因為腳發抖無法往上爬的關係，請你們先走。」讓路給我們先行前進。確實前方的路是陡峭的急坡，近乎直角的斜坡讓人無法看到上面。我低頭綁緊鞋帶，不往下看，一口氣爬到山頂。

從高臺上可 360 度欣賞美麗的大自然景觀。從十分釋放的天燈，還有再往遠處可看到大海，這一切讓我打從心裡感謝創造出這個景色的地球，以及發現這個地方的冒險家。舒服的涼風吹在臉上，讓人感到放鬆。就在那天，我下了一個決定，就是今後也要繼續往上爬！

崖の秘境、孝子山

名の知れた観光地、十分の裏に崖の秘境がある。

駐車場から数分、すぐに二つの梯子が現れる。迷った時は左へ進めという日本の迷信と共に冒険開始。岩に鉄パイプを差しただけの手すりに命を預け、一歩一歩と上を目指す。目の前で停滞する青年たちが「足が竦んで、上がれない。お先にどうぞ」と先を譲ってくれた。確かに、急斜面だ。角度が高度で上が見えない。靴紐を結び直し、一気に駆け上がった。

高台は、360 度美しい大自然が待っている。十分から飛ぶランタン、遠方の海。地球が創造し、また、それを発見した冒険家へ、ありがとうだ。心地良い風が吹き、リラックス。あの日、決意したことは、今後も登り続けようということだ。

注意事項

①如遇雨天或強風時十分危險，建議天氣晴朗時再來挑戰。因屬於空曠地方，要注意防曬。②路程中多為石梯及鋼索扶手，且石梯面積小又高低不一，建議穿著防滑登山鞋，以及配戴防滑手套，注意腳步。③有很多動物及昆蟲，建議攜帶防蟲噴霧。④最後一段攀登鋼梯，只能單向通行，所以請來往的遊客互相喊聲禮讓，安全第一。⑤山頂最高處站立面積不大，無法多人一起駐足（最多一次 5 人左右），請勿推擠並注意安全。

白青長茶作坊 &
新峯友茶

地址：
白青長茶作坊：新北市坪林區坪雙路二段 18 號
新峯友茶：新北市坪林區樟空子路 3-1 號
時間：
白青長茶作坊　營業時間：10:00~18:00　電話：02-26657279
新峯友茶　　　營業時間：08:00~17:00　電話：02-26656906

縣市 County｜新北 New Taipei City

-008-

好山好水配好茶！
隱藏大臺北近郊深山中的絕景與絕品

從新北的茶田飛向世界

2018 年自亞洲聲名遠播，獲得世界級獎項的家族所種植的茶葉。

繼承這個茶味的兄弟們現在的夢想是「保留住家人一直以來守護的這塊土地及這個環境所生產出來的東西，並創造出屬於自己的新口味。」說著這段話時，他們的眼神宛如早晨從茶田觀賞到的晴空一般清澈，閃著與陽光一般耀眼的光芒。位於隔壁的茶田新峯友茶也與他們一樣是家族一同繼承，並且獲得許多獎項。風靡全世界的坪林茶，接下來不知道又會綻放出怎樣的豔麗花朵？

新北の茶から世界の茶へ

2018 年、アジアを飛び出し世界級の賞を獲得した家族の茶葉。

その味を受け継ぐ兄弟の夢。「家族が守り抜いてきた土地と環境が作るものを失うことなく、新しい自分の味を作る。」彼等の精悍な眼差しは、早朝の澄み切った光のように純粹で真っ直ぐだ。近所で共に育ってきた新峯友茶も同様に家族で味を受け継ぐ。多くの受賞歴が飾られている。全世界に名を轟かせた坪林の茶、今後、どんな芽を咲かしてくれるのだろうか。

注意事項

①茶體驗免費參觀，需事先電話預約（含茶園觀光、製茶流程觀摩、品茶等內容）。②茶田為私有土地，請勿擅自闖入。

新北市坪林雖臨近大臺北地區，但此處因四面環山，氣候溫暖潮濕、土壤富含有機物質等條件，是最適合茶樹生長的環境，因此造就了臺灣文山包種茶的重要產區，與豐富的茶葉文化。這裡的美景更被獲選為「2018 全球百大綠色旅遊目的地」(The 2018 TOP 100 Green Destination)。

藏於如此深山中的「白青長茶作坊」與「新峯友茶」，製茶皆已傳承近百年歷史。適合假日前來，邊體驗獲獎無數的好茶，邊眺望雲霧縹緲環繞群山與茶田的美景，實是人生一大享受。

SPOT
西東
北南

-009-

茶壺山

這座昔日的重要黃金礦山，位於金瓜石東邊，海拔約 600 公尺，記錄了此地的繁盛興衰，保留了最純真的大自然美景。因外觀像是一只沒有握柄的茶壺，故亦被稱為「無耳茶壺山」。從登山步道入口處一路向上爬，到達山頂更深處有條隱藏小路，穿越洞窟後，別有洞天，景色更是壯觀遼闊。山上氣候變化萬千，雲霧縹緲時，更猶如夢幻仙境般迷人。你有勇氣來冒險一探究竟嗎？

被隱藏的祕境

新北市的茶壺山，是祕境日記的一頁。

想尋求不同於觀光雜誌刊載景致的我與助手不小心錯過目的地，當容易忘卻目的的我們著迷於拍攝美景之時，卻意外發現草原之中有條小路。「這也是路嗎？」骨子裡的冒險心從背後推了我們一把，對我們說「前進吧！」我們在若風雨襲來大概就無法前進的危險狹道前，終於找到注意落石的看板。看來這裡有人來過，應該沒問題，我們抵達懸崖下方。

在這裡，杳無人跡，就連房子、電線、車輛與工廠也沒有。

唯一能看見的，大概就只有 16 世紀後期，航行中的葡萄牙人讚嘆「Ilha Formosa」（葡萄牙語爲「美麗之島」）的翠綠大地。視野所見是最純粹天然的地景。事實上，我們在攀爬岩石的途中，發現有座洞窟。接下來的景色就先讓我留待下回再與大家分享。

隠された秘境

新北市茶壺山、秘境日記の 1 ページ。

観光雑誌と異なる絵が欲しい私と助手は本来の目的地を通り過ぎた。容易に目的を忘れる私たちは撮影に夢中な時、小道を発見。これは道だろうか？冒険心は語りかけてくる、行ってみよう！雨風舞えば直ちに引き返す必要がある険しく細い道の先に、看板を発見。人の来た形跡に安堵し、崖下の到着。

何もない。人、家、道路、電線、車、工場、何もかもない。

16 世紀半ば以降、航海中のポルトガル人から「イラ・フォルモサ（Ilha Formosa）」（ポルトガル語で「美しい島」）と称賛された翡翠大地と面向いだ。視界の全てが天然の地球。大地本来の姿。実は、岩をよじ登ったところに洞穴があったんだ。その話は、また今度にしよう。

注意事項

①注意落石。②可能會有動物出沒。③自己的垃圾請自己帶走。④請務必準備驅蟲噴霧。⑤若遇雨天或強風等天候不佳時，會無法通行。⑥沒有廁所。⑦建議穿著舒適的鞋子，以及準備飲用水。

地址：新北市瑞芳區祈堂路（步道口位於勸濟堂旁）

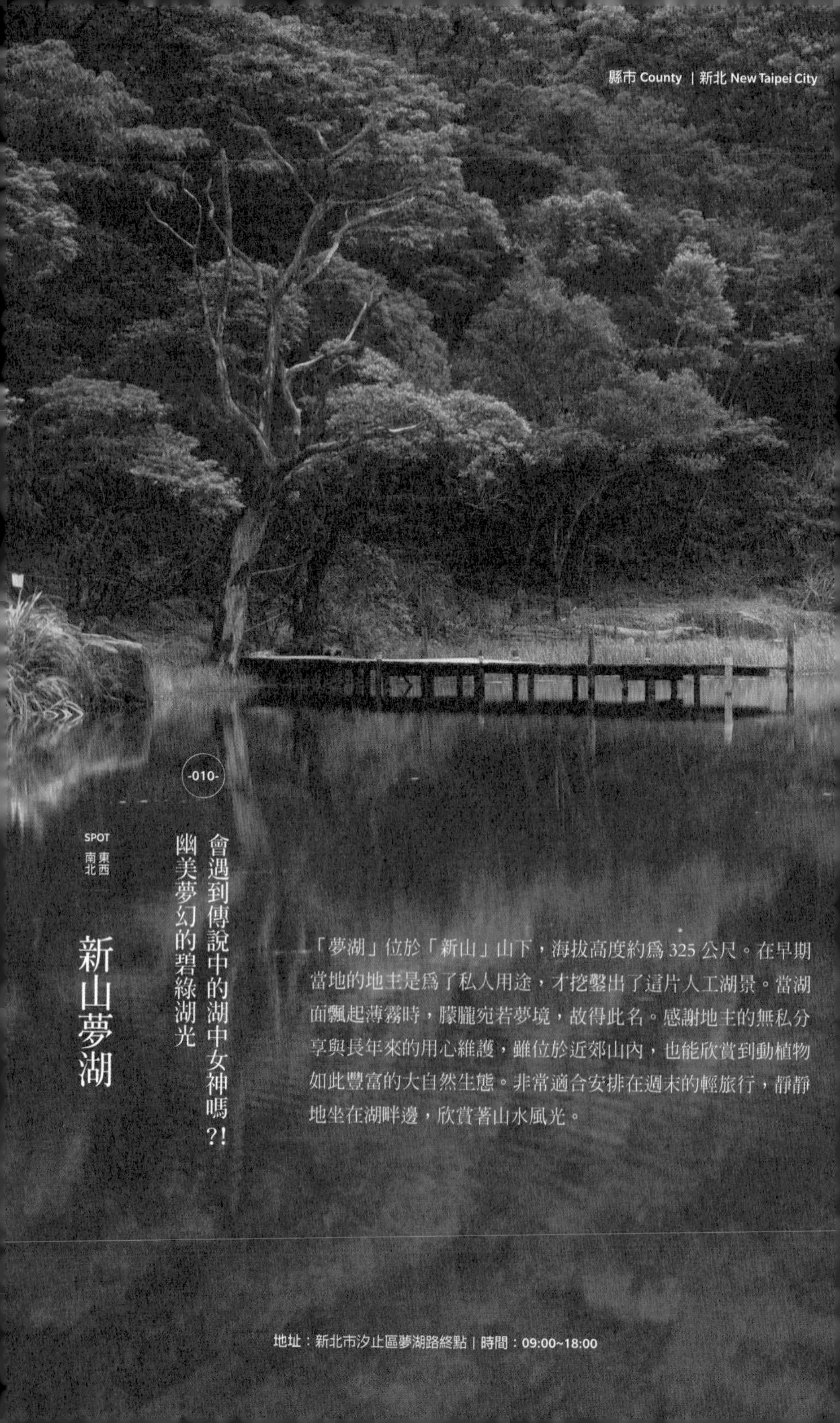

-010-

SPOT 東西南北

新山夢湖

會遇到傳說中的湖中女神嗎?!
幽美夢幻的碧綠湖光

「夢湖」位於「新山」山下，海拔高度約爲325公尺。在早期當地的地主是爲了私人用途，才挖鑿出了這片人工湖景。當湖面飄起薄霧時，朦朧宛若夢境，故得此名。感謝地主的無私分享與長年來的用心維護，雖位於近郊山內，也能欣賞到動植物如此豐富的大自然生態。非常適合安排在週末的輕旅行，靜靜地坐在湖畔邊，欣賞著山水風光。

地址：新北市汐止區夢湖路終點 | 時間：09:00~18:00

大自然之鏡

寂靜、新綠、植物及生長於水邊的生物們。

新北市汐止深山內，有一片宛如會出現在童話故事中的湖泊，如果剛好水面靜止且沒有風的話，還可以看到翡翠大地浮現於水面下，透過鏡頭看到的景色美得讓人屏息。

「這個湖泊是我私人的，但是特地開放給大家參觀，雖然橋因為颱風毀損不能通行，但就算是從周圍也可以看到非常漂亮的景色，我幾乎每天都從臺北南區開車來到這裡，雖然路途遙遠很辛苦，但我還是堅持每天要來看看。」這段話來自在這裡經營咖啡廳的地主口中。

無論是哪片土地皆有其需要被保護的理由，接觸到地主內心的想法，讓人不禁對此肅然起敬。另外，登山客自發性地撿拾被丟棄的垃圾及帶下山的樣子也讓人難忘。

夢之湖，在這裡不只有大自然，還有這個被創造出來的祕境。

大自然の鏡

静寂、新綠、植物と水辺に暮らす生物。

新北市汐止の山奥、童話の物語に描かれるような湖がある。無風の条件が整えば、翡翠色の大地が水面下に現れる。ファインダー越しに眺めた景観に、息を飲む。

「ここは、私有地だが開放し、大勢の方に訪れてもらっている。台風で桟橋が破損し、立入不可。だが、他は存分だ。台北南部から殆ど毎日、車で来る。大変だが、それでもここに来る。」休憩処を営む地主の言葉だ。

保護、保管される理由はどの地にもある。一つの心に触れて、身も引き締まる。登山者が破棄したゴミを自分の車に積んでいた姿が印象的だ。

夢の湖。ここは自然だけではなく、人の意思が紡ぐ秘境だった。

注意事項

①步道口處有店家販售飲食，但自己的垃圾請自己帶走。②因夢湖屬私人土地，請勿擅自進入小木船的木棧道登船處，也禁止隨意捕撈、放生，餵食湖中魚群。③請不要隨意將物品丟入湖內（不會有女神浮起來），共同愛護環境。④從步道口開始需沿著石階步道，爬坡約十分鐘左右路程，建議穿著舒適的鞋子。⑤需在外停車後，再步行前往。⑥每年四、五月有螢火蟲導覽；每月第四個週日，會有免費的湖中生態解說導覽（※ 導覽時間可能會因季節而有所調整，請以網站公告為準。）⑦若有婚紗等拍攝活動，需事前向地主提出申請。⑧位處山中湖畔，建議攜帶防蟲噴霧。⑨夢湖咖啡店已正式歇業。

水牛坑

-011-

林口區屬於臺地地形，因此有很多地勢較爲平緩的丘陵地，地質結構主要爲砂泥層所構成，土質較爲鬆軟。這片岩壁總寬度約 200 公尺，海拔高度約 40 公尺。位於林投厝站旁，步行約 2 分鐘即可到達。旁邊爲私人用地，豢養了一群黃牛，每天固定時刻會被主人放出，四處散步吃草，故此地又被稱作「黃牛大峽谷」。

大岩壁！被進擊的巨人神剖半？！

這個輪廓，簡直是世界遺產等級

從桃園機場沿著海岸前進就會來到西濱公路，如果太專注於看海的話，就會不小心漏掉這個名叫林口水牛坑的祕境。這裡乍看之下會讓人誤以為是由細沙堆積而成的小山，但是繞到背面一看會發現令人驚訝的奇景。小山另一側像是被挖空一樣形成峭壁。這景色究竟是怎麼形成的令人感到疑惑。

宛如電影拍攝場景一般的壯闊大峽谷、悠閒地散步的水牛，這一切帶給人一種不可思議的感覺，讓人彷彿置身於國外。我想這個地區一定還有其他的祕境，讓我們慢慢找尋下去吧！

シルエットは、世界遺産級

桃園空港から海沿いを走る西濱公路。海を眺めていれば見逃してしまう場所に現れる秘境、林口水牛坑。一見、砂が堆積した小山だが反対側へ回ると、奇景が現れる。内側だけ剔り貫いたような薄っぺらさ。真相は謎だ。

映画の撮影地のような広大な敷地と、のんびりと歩く牛。不思議と海外に飛んできたような感覚に。この地域は、もっと秘境がありそうだ。探索を続けよう！

注意事項

①如遇強風颳起時，要小心沙塵捲起。②因前方道路會有大型貨車等高速通行，通過時要注意安全。③因沒有專用停車場，若是自行開車，可先在附近尋空地停車後，再步行前往。④因路面土壤鬆軟，建議穿著舒適的運動鞋。⑤請勿餵食、挑釁，以及打擾牛群，並盡量保持距離。⑥請不要隨意攀爬陡峭岩壁。⑦因屬空曠地區，要注意防曬。

SPOT

西
東
南
北

-012-

鳶山風景區

鳶山風景區位於新北市三峽區的西南方，從三峽老街旁的仁愛街轉鳶峰路直行向上即可到達。站在鳶山山頂上，周圍毫無遮蔽物的極佳視野，整個大臺北地區的景色能盡收眼底。前往山頂的登山步道途中，兩旁種有油桐花，每逢五月盛開之際，有如大雪覆蓋的花毯，更是另一季節限定的美景。

地表之星

夜晚的城市 365 天，閃爍著光芒。從都心放眼望去也可看到群山是臺灣的特色之一。同時，這也形成了不是從觀景臺，而從一般山上也可看到夜景這個得天獨厚的條件。在都市中心，讓人避之不及、排出廢氣的汽車也變成了遠方閃動的燈光，連高樓大廈及工廠等也成爲美麗夜景的一部分，這也是夜晚的醍醐味。

這裡是鳶山風景區，海拔 321 公尺，是位於三峽老街附近的小山祕境。從附近的停車場步行到可觀賞夜景的地方雖然只需要 10 分鐘，但從山上眺望的美景無論是白天或是夜晚都超乎想像且令人驚豔。

再來努力開拓下一個臺灣夜景祕境吧！

騎騁在鳶鳥背上！站在雲端俯瞰天下

地上の星

毎晩 365 日、街は光輝く。都心から連なる山脈が一望可能。これは、台湾の特徴であると同時に、展望台等を利用せずとも一般の山上から夜景を捉える条件を作る。都心の真ん中で人に避けられる無数の自動車が夜には遠方で動く光となり、高層マンション、工場さえも、時間帯を変えれば美しく姿を変える。夜景の醍醐味だ。

鳶山風景区は海抜 321m、三峽老街があるエリアの秘境だ。車を降りてたった 10 分程で鑑賞できる。岩肌から眺める絶景は、日夜問わず想像以上の迫力を届けている。

台湾夜景スポットを開拓しよう！

注意事項

①前往停車場的路段是一段急陡坡，且為單線道，注意來往的前後方車輛。②雨天及雨後道路容易濕滑，要小心腳步。③由於無設置夜燈設備，觀賞夜景時建議攜帶手持型電筒（只有手機燈光略嫌不足），並小心注意安全。④山頂懸崖處無安全防護，站立面積不大，且處鳶山上強風較多，請互相禮讓小心注意安全。⑤山中區域蚊蟲較多，建議攜帶防蟲噴霧。⑥自己的垃圾請自行帶走。⑦請不要在銅鐘及岩石上留下任何記號，共同維護環境。

SPOT

東西
南北

瑞芳廢煙道區

-013-

廢煙道區位在新北市瑞芳區的金瓜石旁，原本設立的目的，
是爲了將上方於 1973 年完工的水湳洞選煉廠的廢煙，引導
至遠處的山谷外排放，後來煉銅廠停工，排煙管也隨之停
用，維持現狀擺放至今。排煙管管道高度約 3 公尺，三道管
線長度皆約 1 公里長，曾有「世界最長煙囪」的稱號。因安
全起見，目前已被主管單位封閉明令禁止進入。

注意事項
主管單位台電已封閉所有入口，並加裝鐵圍籬新增公告，若擅闖會違法罰鍰。

地址：新北市瑞芳區濂新里（在黃金瀑布旁可清楚望見）
備註：已封閉

奔馳於山麓的水管

現在禁止進入。宛如巨大蟒蛇一般覆蓋著山頭的水管形成的壯觀祕境。不知道是否是自然災害的影響，隨處可看到破著大洞的損壞部分。透過破洞往內部看，可看到能容納一個人行走的大空洞。許多祕境會因為地形或危險等原因而禁止進入；此書介紹的祕境就有一部分是這樣子的。對於因為自然災害或地形變化而造成不能前往的情況，我想也就只能接受這個事實。「擇日不如撞日，下定決心後，馬上實行」這是我一直以來的旅行原則。

山を駆けるパイプ

現在立入禁止。巨大なパイプが大きな蛇のように山を覆う圧巻の秘境。過去の自然災害の影響か、破損している空洞や部位も。中覗けば、大人1人直立し、歩ける大きなもの。秘境は立地や危険さ、様々な理由で進入不可になってしまうことが多い。今回紹介している多くの秘境もまた、地球の変化に、わたしたちは従うしかないのだ。「思い立ったが吉日」これが、私の旅の掟だ。

三條古老巨蛇盤踞山上！已無法前往的美麗祕境

石梯嶺步道

-014-

石梯嶺步道位於陽明山國家公園，是擎天崗系步道之一，全長約7公里，與多條古道銜接，保有豐富的自然景觀與歷史文化。途中會經過一片柳杉林地，原為日本的針葉樹種，於1924年時的造林運動所種植，但因冬季時的強勁東北季風，以及火山地質的貧瘠土壤，不利柳杉生長，目前僅留部分林跡於此。深入其中能感受到大自然的生命與氣息。

地址：約在頂山石梯嶺步道和風櫃嘴的中間，海拔 800m 左右處

古木參天雲霧繚繞！綠意盎然的寂靜翠綠森林

臺北的忘憂森林

不想要下雨，卻想要起濃霧，

達成我這個任性奢侈願望的是自然之神。

起霧的山林，倒下的大樹，還有從斷掉的樹根長出來的新生命。

在這個宛如樹之部落的地方，存在的只有山林的聲音。

陽明山舊名草山，並不是單指某座山峰，而是泛指大屯山、七星山、紗帽山、小觀音山這一帶的山區。

果然臺北的祕境就存在這片廣大的山區之中。

台北の忘憂森林

雨は降ってほしくない。でも、濃い霧はかかって欲しい。

我儘で贅沢な願いを叶えてくれた自然の神様。

霧かかる山林、横たわる大樹、折れた樹根から生える新たな生命。

樹の集落であるかのように、山の音だけが存在する。

陽明山の旧名は草山。陽明山は具体的な山を示すのではなく大屯山、七星山、紗帽山、小観音山により構成される山部を総称した名。

台北の秘境は、やっぱりこの山にあった。

注意事項

①若自行開車前往，在冷水坑或擎天崗有收費停車場。若是搭乘公共交通工具，可在擎天崗站或風櫃嘴站下車，公車班次有限，建議事先查詢並注意搭乘時間。②因位處高山地區，且部分路段無樹蔭遮蔽，建議同時準備防曬用具及防寒衣物。③因山谷間的充沛水氣影響步道易濕滑，柳杉林間路段長有青苔，建議穿著登山鞋或雨鞋等防滑舒適鞋子，並小心腳步。④途中可能會遇到野生水牛，請盡量保持距離，勿使用閃光燈驚嚇或逗弄牠們。⑤國家公園內禁止任何炊煮。若有攜帶食物上山，請隨身帶走，共同維護環境。

草漯沙丘

-015-

臺灣居然也有沙漠之丘？！

媲美日本鳥取砂丘

不是鳥取砂丘，是臺灣桃園

超乎想像的廣闊沙山，草漯沙丘。是什麼原因讓這裡出現沙丘呢？我滿腦子的疑問，但是好奇心使得我無法多想，立刻脫下鞋子眼襪子，一味地往沙丘上跑。一到上面發現，原來這裡是可以 180 度眺望大海及風車的祕密基地。

宛如在闢下過雪的雪地上走路一般，無人走過的沙丘上留下了我一步一步的足跡。強勁的海風在細沙上畫下波紋，讓巨大的風車不停的轉動。夕陽照在沙丘上，細沙閃閃發光，這個景色無論從哪個角度，都能欣賞到非凡美景。祕境總會在意想不到的地方出現，臺灣的鳥取沙丘就在這裡。

這一大片位於桃園北岸沿海，全長約 8 公里、面積約 4 平方公里的遼闊奇景，是現今全臺灣海岸中保留最完整的沙丘。從入口處穿越小徑後，映入眼簾的是一望無垠的沙海藍天。站在沙丘高處，望著這長年來，潮汐與海風的精雕細琢下，大自然鬼斧神工的藝術神作，令人讚嘆不已。不禁開始懷疑，「這裡真的是臺灣嗎？」

鳥取砂丘ではなく、台湾の桃園

想像超える広大な砂山、草潔の砂丘。なぜ、ここに砂丘が？

脳裏に浮かんだ疑問より、今は好奇心優先。靴、靴下を脱ぎ、砂丘へ一直線。なるほど、ここは 180 度以上の眺望が一面に広がる海と風車の秘密基地。

誰も歩いてない道は、新雪の上を歩くように足跡が残る。海風は砂に渡の模様を描き、巨大な風車を回す。夕暮れの砂丘上、太陽の光が、砂を照らしキラキラと煌めく。この景色は如何なる角度でも非日常へ誘う。秘境が生まれる場所は、いつも予想外。台湾の鳥取砂丘、ここにあり。

注意事項

①自己的垃圾，請自己帶走。②沒有廁所。③強風颳起時，要小心沙塵捲起。④建議穿著舒適、不怕進沙的鞋子。⑤要注意防曬，並補充水分，建議午後傍晚陽光較柔和時再前來。⑥沙丘有高低落差，要注意腳步。⑦需在外停車後，再往徒步行約 10 分鐘左右。

天使之梯

岩石形成圓頂狀，宛如要保護這個空間一般地覆蓋於上端。景色壯觀得令人屏息，而清澈的池水及新鮮的大自然空氣讓我不禁停下腳步。從入口處至此並不遠，但拍攝到的景色會讓人誤以為身處深山祕境。其實我們是為了拍攝瀑布前來的，可惜因為雨量不多，瀑布乾涸，但我覺得我們運氣真的很好。

時間大約是下午一點左右，從天空灑落的強光照亮了我們的雙腳。在日語中將這個現象稱為「薄明光線」（中文：雲隙光，英語：crepuscular rays），當太陽被雲層遮住時，些許光線穿過雲層，形成一道道光柱射向地面。這些光是受到世界上人們認定的美麗自然現象。吊掛於祕境的梯子，，用美麗的光芒裝飾了我們的回憶。

SPOT
東
西
南
北

-016-

三民蝙蝠洞

這裡是一天然形成的岩洞，因環境關係，曾吸引許多的蝙蝠在洞內棲息，故被稱爲「蝙蝠洞」。從入口處沿著步道向內步行約 40 分鐘即可抵達。洞口的高度約 20 公尺，進入後內部有兩條瀑布傾瀉而下，造成了直徑約 10 公尺的清澈深潭。若天空作美，從上方洞口會灑落不同角度的光線，形成多變的夢幻奇景。

從天堂降臨！
媲美美猴王水濂洞

天使の梯子

岩石の形状は、この空間を保護するように覆っている。壮観な景色が一呼吸を、そして、光透き通った小池と新鮮な空気に、私の足は休憩を求めた。入口から遠くない秘境、しかし、映像美は深い山奥。撮影目的の滝は季節の関係で流れていなかったが、運に恵まれた。

時間は 13 時頃、空から降り注ぐ強い光、薄明光線（英語：crepuscular rays）が足元に差し込んだ。雲の切れ間から光が漏れ、放射状に地上へ降り注ぐ。世界中の人々の間で美しい自然現象と認識される光。秘境に掛かった梯子は記憶に輝きを添える。

注意事項

①入口處前方有一處收費停車場。②目前洞內蝙蝠幾乎都已遷移他處。③請勿在洞內生火烤肉、捕撈魚群、亂丟垃圾等，共同維護環境。④瀑布及清潭水量會受氣候影響，請勿作跳水等危險行為。⑤步道途中有廁所。⑥水潭旁的石頭上長有青苔，行走時要注意腳步小心滑倒。

島國的羈絆

生日當天，我去拜訪了一座建造於日治時代的神社。

從前人們將神聖的山、瀑布、岩石、森林以及大樹等作為神明的寄宿之地而敬拜，而神社就是把祭拜神明的祭壇變成有形體的建築物。但是，神明是肉眼看不到的，就算沒有神社建築，也會把大自然當作神社來進行祭拜儀式。神社的社殿內供奉的神體是神明暫時寄宿的物體，像是御幣、鏡子或者就僅只有一個什麼都沒有，「無」的概念的空間，我很喜歡像這樣的日本想法。

桃園神社內的木製小屋屋簷布滿青苔，下過雨後發出翡翠般的綠色光芒，我的內心宛如正跪坐於日本的庭園，在海外感受日本，真的好幸福。入口處有氣派的鳥居，代表著進入神聖之地的重要入口，也是連結臺灣與日本的一扇門。

SPOT
東
西
南
北

桃園忠烈祠暨神社文化園區

-017-

全臺唯一！
彷彿穿越時空回到日本！
在日本境外保存最完整的日治時代神社建築

島の絆

自分の誕生日、日本統治時代に建てられた神社を訪れた。

古くは神聖な山、滝、岩、森、巨木等に神々が宿り敬うと考えられ、祀られた祭殿を形にしたものが日本の神社。神様は目に見えない。社殿がなくとも大自然を神社と崇める。神社の社殿は、内部のご神体は神が仮宿する足場とされた御幣や鏡であったり、あるいは「無」の空間であることもある。わたしはこのような日本の心がすきだ。

桃園神社では、木製小屋の屋根に苔が生え、小雨が降り注ぎ翡翠色になる。わたしの心は日本の庭園に正座している。海外で日本を思う。幸福だ。敷地には立派な鳥居がある。神域への入口を示す重要な門であると同時に、台湾と日本を繋ぐ門でもあるんだ。

前身爲「桃園神社」，建造於西元1938 年，座落在桃園的虎頭山上，從桃園車站前的中正路轉向成功路後，沿山坡而上，登上鳥居外的石階參道便可到達。從市區一路上兩旁逐漸變換的景致，便有著時空交錯的錯覺。園區內的建築物所採用的建材，是當時的臺灣上等檜木，融合了日本、臺灣及中國三種建築風格。正因其特別的歷史文化價值，以及建築技術風格，得以保存至今，也被知名的棒球電影《KANO》選爲拍攝場景。現已被列屬國家三級古蹟。

縣市 County ｜桃園 Taoyuan

注意事項 ①自己的垃圾，請自己帶走。②請保持安靜。

地址：桃園市桃園區成功路三段 200 號

時間：夏季 週一至週日 09:00~17:00 ｜冬季 週一至週日 09:00~16:30 當日實際閉館時間請參考官網或臉書專頁

地址：桃園市復興區三光里鐵立庫部落下方
（從臺 7 線北橫公路 48 K 處往新興、爺亨部落方向直行，通過三光里鐵立庫部落有簡易路線地圖指標）

「幽靈瀑布」和「水濂洞瀑布」兩座瀑布位於桃園縣復興鄉三光里，就在著名的拉拉山風景區內，溪水源頭來自於桃園與新竹縣界的抬耀溪。幽靈瀑布分為上、下兩段，長度約 20 公尺，寬度約 6 公尺，落差高度約 100 公尺，是一道天然瀑布；沿步道行走至末端即可到達水濂洞瀑布，長度約 15 公尺，寬度約 8 公尺，屬流線角度呈現垂直的垂簾型瀑布，兩者都非常壯觀。

只聞其聲不見其瀑?!
如幽靈縹緲般的神祕奇景

-018-

SPOT
東
南 西
北

水濂洞及幽靈瀑布

世界文化遺產級的壯麗瀑布

遲來的紅葉宛如細雪一般地輕輕飄落,瀑布衝撞岩石產生大量的水沫。坐落於桃園拉拉山的復興區除了有臺灣原住民的民族文化之外,還有群山孕育出來的清澈瀑布,以及充滿豐富資源的大自然寶庫。這次前往的水濂洞瀑布其水量及壯麗的瀑布規模,應該可讓所有到訪的來客感到驚訝。從桃園或新竹開車需要花上2個小時以上,下車之後還必須抓著繩索踩著岩石渡過河川,在這途中我還滑了一跤,重重地摔到屁股,石頭真的有夠滑,不過辛苦是有回報的,隨著水聲漸漸地越來越大,「水濂洞瀑布」突然出現在我們眼前,而下方擁有可容納10人的瀑布洞穴。

在旅行時不思考過於艱難的事,就只是單純地用全身的肌膚去感受這個空間,讓我充滿了幸福感。

世界文化遺産級!圧巻の滝

遅咲きの紅葉が粉雪のようにひらひらと舞い、滝の滴と交わる。桃園拉拉山の麓にある復興区には台湾原住民の民族文化以外に、群がり連なる山々が生む純粋な滝、資源豊富な大自然の宝庫がある。今回訪れた水濂洞に、人は水量と幅の広さに圧倒されるはず。桃園又は新竹から車で2時間以上、到着後はロープを使用し、石を飛び越え川を渡る過酷なもの。滑って尻を強打した私が言うが、とにかく滑る。しかし、苦労の価値は必ずある。水音が徐々に響きを増し、突然現れる「水濂洞瀑布」。十人程入れる滝壺もある。

旅行の間に難解な物事は考えない。単純に空間を肌で感じる。それは、とても幸せなことだ。

注意事項

①雖為全天候開放,但路途中無設置路燈,建議白天前往造訪。②若自行開車前往,入口處有一座籃球場可暫時停放車輛,旁邊有廁所。③前往水濂洞時需要拉著繩索溯溪而過,建議準備溯溪器材,並穿著兩棲鞋或涼鞋。部分溪水區域較深,要小心注意安全。④通過河道時,河床石頭上長有青苔容易滑倒,要注意腳步小心行走。⑤此處禁止生火烤肉。若有攜帶食物前來,記得自行帶走垃圾,共同維護環境。

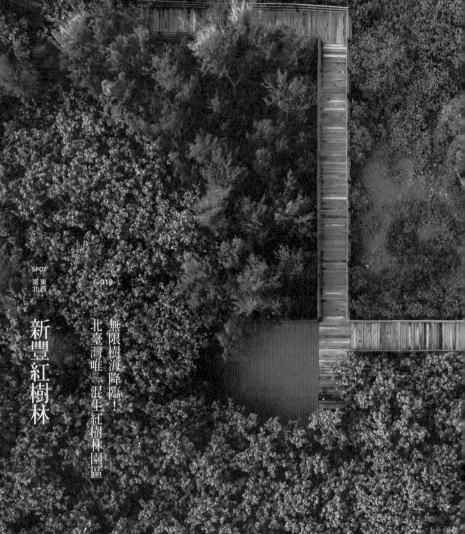

新豐紅樹林

無限樹海降臨！
北臺灣唯一混生紅樹林園區

新豐紅樹林位於新竹縣新豐鄉紅毛河出海口旁，全區面積約 8.5 公頃，中間設有長度約 400 多公尺的木棧觀賞步道，兩旁就是水筆仔與海茄苳的混生紅樹林，還有棲息在廣大沼澤地形上的招潮蟹、彈塗魚等潮間帶生物，以及海鳥等豐富的生態資源，能夠近距離觀賞自然，穿梭於樹林隧道之中。此園區已於 1989 年被政府列為自然生態保育區。

-019-

翠綠樂園

令人心情雀躍的時間就從這條被翠綠包圍的小區展開。在連結著大海的溪流附近，有著一片高度相同的樹叢，樹叢中出現一條木板拼接而成的小路，順著這條小路往前邁進，小路上方沒有屋頂，充滿了開放感。在藍天之下深深吸一口氣，這是個簡單卻充滿了不可思議感的祕境。感受綠地的瞬間、清新的空氣，這樣的日子偶爾也不錯，充滿綠意的一天。

緑の楽園

新緑に囲まれた道から、心弾む時間が始まる。海へ続く渓流付近、背丈がみな同じ高さの木々が密集している。樹の中に出現する木板道のまっすぐな通路に導かれる。屋根無しの開放感。青空の下で深呼吸。環境条件はシンプルだが、不可思議な秘境。緑感じる瞬間、清き空気。たまにはこんな日も良い。グリーンな一日。

縣市 County ｜ 新竹 Hsinchu

注意事項
①請勿將垃圾丟入下方紅樹林區，也禁止隨意捕撈、放生、餵食魚蟹，共同維護園區環境整潔與生態平衡。②內設有「紅毛港休憩區」的免費停車場。③停車場旁設有廁所。④紅樹林相當脆弱，觀賞時請勿以手觸摸攀折。⑤請勿隨意從木棧道旁攀入紅樹林區內。⑥水邊多有蚊蟲，建議攜帶驅蟲噴霧。⑦步道區無設置路燈，建議白天午後傍晚陽光較柔和時再前來，要注意防曬，並補充水分。

卓蘭大峽谷

-020-

大自然贈送的禮物！即將消失的神景

卓蘭大峽谷主要位於苗栗縣卓蘭鎮與臺中市東勢區交界的大安溪旁，長度約 300 多公尺，深度約 10 公尺，又被稱作「921 大峽谷」，因受到當時 921 大地震的影響，地殼擠壓的作用，使得大安溪河床被提升，而主要由砂岩和泥岩所構成的鬆軟河床地質，受到河水長時間的沖刷切割，便分成了現今河道兩旁頁岩層般的地形奇景。但此地形也因易受河水影響逐漸改變，未來有消失的可能。

天災孕育出來的祕境

於 1999 年 921 大地震時形成的斷層，卓蘭大峽谷。

周遭沒有任何的建築物，溪水流在大地被劃出的裂痕上，附近雜草叢生，擁有不是人類所創造出來的美。現在部分地區有被整頓過，非常安全。靜下心來仔細觀察，地盤被推擠而上，到處可見崩塌的部分，讓人驚見大自然的爪牙。但是，寧靜的風景以及管理這個地方的阿伯阿桑們的笑容，讓訪客的內心感到溫暖。這個景觀是在我們活著的這個世代短短數十年內形成的。可是不只臺灣，世界上有很多祕境都是經過數億年數千年無數次地殼變動形成的寶物。這個夏天，在苗栗的溪谷，讓我憶起了最初那個過往的瞬間。

天災が生んだ秘境ここにあり

1999 年の 921 大地震が形成した断層、卓蘭大峽谷。

周辺に建築物はない。大地が割れた箇所に水が流れ、雑草が生い茂る。人口では再現できない、美。現在は一部整備され、安全であるが細部を観察すれば、大地が突き上がり、随所に陥没箇所がある。自然の牙も垣間見るものの、のどかな風景と卓蘭大峽谷を管理する爺婆様の笑顔は、来客を温かい気持ちにさせる。この景観は、数十年の間に起きたことだ。しかしながら、台湾を初め、世界に点在する秘境は何千、何億年と地殻変動や天変地異を繰り返し作りあげた宝物だと知ることができた。夏の日、苗栗の渓谷で原点に戻った瞬間だった。

注意事項
①靠近溪谷處由於土質鬆軟，部分區域已拉起封鎖線無法進入。②內部沒有電燈，建議白天天氣晴朗時造訪。③內部無法直接開車進入，需先把車停在入口處附近後，再步行前往。④前往的路途中砂石車等大型車輛較多，要注意交通安全。

苗栗落羽松

-021-

從電線桿標示臺 3 線 101 K 處旁的小巷中進入，步行約 10 分鐘的路程，便能到達這片宛若置身國外的池畔風情。全區共種植約有 300 左右的落羽松，遍布在池中與山坡上。每年的 11 月至 12 月左右，隨著季節更迭，松葉由綠、黃、橙、紅漸層變換。不同於其他處，沿著參觀步道往上，還可一覽整片美景。落羽松的交錯、池水的倒映、鴨鵝穿梭其中，當陽光灑落時，交織出如畫般的愜意風光，令人陶醉。

誰說臺灣只有夏天跟冬天？
臺灣版季節限定！
一點也不輸給日本的秋季賞紅葉名所

紅葉世界

南北地形狹長的臺灣，以通過中央的北回歸線爲界，北爲亞熱帶地區，南爲熱帶地區。但這個國家，不僅擁有東南亞氣候特徵的乾季、雨季，也有樹林渲染一片嫣紅的秋季。

沿著池畔直直生長的樹木，妝點著由黃、橙、紅色暈染而過的鮮豔漸層。沿著環池步道賞楓，楓葉在不同角度各有千姿。隨著轉換的視角，能觀賞數種色彩交疊、水面倒影，盡情享受秋季美景。感受四季的變換，如果到世界各地旅行的話，就能察覺到，像這麼簡單的一句話並不能輕易實現的吧。在一年之中觀察著四季的小小脈動，並拍攝記錄。這就是我的原則。

攝影日：2018 年 11 月 15 日 15:30 晴天。

紅葉世界

南北に細長い台湾。中央を通過する北回帰線を境に、北は亜熱帯、南は熱帯地域だ。この国は東南アジアの特徴である乾季雨季だけでなく、真っ赤に染まる秋がある。

湖畔から伸びる樹木は、鮮やかなグラデーションに身を包む。そして、角度次第で幾多の色が重なり姿を変える。水面に反射した視界は、秋一色。世界を旅すれば、四季を感じることは容易ではないことに気がつく。一年の間にある小さな四季を観察、撮影記録する。これは、自分の規則だ。

攝影日：2018 年 11 月 15 日 15:30 晴天。

注意事項

①不要用 Google 查詢三灣落羽松，因為會被帶到不同的地方。②因進入的路段較窄，不能開車進入，車子需要停在大馬路上，然後再步行十分鐘即可到達。③因為樹葉陸續轉紅，因此不一定能看到與照片一樣的景色。④因屬私人土地，內部無任何店家。入口處雖有小攤販，但請一定要記得帶走垃圾，維護環境清潔美麗。⑤內有簡易型廁所。⑥池邊多有蚊蟲，可攜帶驅蟲噴霧，也要小心池邊土壤較為鬆軟，要注意腳步。⑦路程中會有升降坡，推車要注意。沿途上有提供座椅，可稍作休息。⑧建議穿著舒適鞋子。

火炎山

如火焰般的火紅惡地奇景！
位列臺灣小百岳之一！

燃燒大地

在被太陽及白雲照亮大地的時間內，有個地方讓人可窺見高山宛如正在燃燒一般的情景。沿著海拔 600 公尺的登山路徑，一邊欣賞著苗栗的山間田野美景，一邊往前邁進，轉眼間就來到山頂。原來如此！火焰的眞實面貌是礫石堆積而成的高山。包圍著渺小人類的是壯觀的大自然景色。在無限廣大的美景前，輕輕地坐下，緩緩地遠眺明日。

燃え上がる大地

太陽と雲が大地を照らし覆う時間、山が燃えるような表情をする情景がある。標高 600 m 程の登山道。苗栗と田んぼを横目に大自然を味わえば、あっという間に山頂だ。なるほど！火炎の正体は、積もった砂利山だ。小さな人間を取り巻く、偉大な自然。計り知れない広大な景色を前に、荷物を下ろし明日を見る。

縣市 County ｜ 苗栗 Miaoli

火炎山位於苗栗縣三義鄉，受地殼運動作用抬起的大安溪沖積扇，由於是礫石及砂岩所組成的鬆軟土質，長年經風雨侵蝕後，形成許多尖銳山峰和堆積大小石礫的組合地形。少有植被的裸露岩層因內含有高成分的鐵質，經氧化後呈現紅褐色，遠觀就像紅色火焰般故名之。此處除地形特殊外，目前還保有完整的馬尾松原生林，多種瀕臨絕種的保育類動物。農委會已於1986年將此地規劃為「火炎山自然保護區」。

注意事項

①由於火炎山地質較不穩定，下雨天時易有土質滑落、山崩等狀況發生，建議天氣晴朗時再造訪。②大部分路面都是大小不一的石礫堆，要小心腳步注意安全。③由於懸崖邊地質較脆弱，也無護繩保護，請勿過於靠近，拍照時也請注意安全。④高速公路橋下尖豐路口旁有小型收費停車場。⑤後段路程礫石較多，坡度變大，建議穿著舒適好走的鞋子。⑥有設置圍籬的區域為火炎山自然保留區，未向林務局申請取得許可，請勿隨意進入。

地址：登山口位於臺 13 線 55.3 K 旁

合歡山馬雅平臺

摘星攬月許個願！
東亞地區最高海拔的最佳觀星點

合歡山主峰是位於太魯閣國家公園西邊的邊界山脈，沒有山巒阻擋視野，而馬雅平臺即位於合歡山主峰步道上，也是第一觀景平臺，視野遼闊，能環視四周山巒美景，從登山口沿著步道步行約 10 分鐘即可到達，由於其石砌外觀像是馬雅神殿故名之。附近周遭無任何光害，白天時可捕捉日出及日落景緻，夜晚時可靜賞滿空星光閃耀。

注意事項
①銀河會因季節時間而會變換不同位置。②因位處海拔三千公尺以上的高山上，務必注意保暖。③由於山路並無設置路燈，建議攜帶手電筒照明。④長時間處於高海拔區域，請考量個人身體狀況，注意高山症等症狀發生。

銀河

南投縣的祕境，仁愛鄉可觀賞到令人著迷的燦爛銀河，宛如橫跨夜空的光之緞帶一般。

像南投這樣被豐富大自然圍繞的環境孕育出許多具備觀察星空條件的景點。東方神話故事將夜空中的光帶看作天空的河川；在希臘神話中，光帶則是希臘女神噴出的奶路，因此英文寫作 Milky Way。這裡可說是觀賞星空的祕境，銀河周邊聚集了許多星星，豐富了夏季與冬季的夜空，這裡有在燈火通明的都市或是被月亮照亮的大海上無法看到的絕景。

天の川

南投県の秘境、仁愛郷が魅せる天の河。夜空を横切るように存在する光の帯。

南投の豊富な大自然に囲まれた環境は星空の鑑賞地を多く生み出す。東アジアの神話では夜空の光の帯を、河川と見るそうだ。一方、ギリシャ神話では、これを乳と表現。それが継承され英語圏でも Milky Way と呼ぶ。この地はまさに星鑑賞の聖地だ。天の川周辺には星が結集し、夏冬の夜空をにぎやかにする。都心や海の月明かりでは姿隠す絶景、ここにあり。

巨龍昇天

不可思議的是瀑布的水永不停止，這到底是為什麼呢？

365 天 24 小時毫不間斷，滴滴答答地演奏著瀑布的音樂，

瀑布周遭長滿各式各樣的植物。

再次仔細凝視被喻為生命源頭的瀑布，

一定會有什麼新的發現，

我覺得我真的運氣很好，因為偶然來到的這個島國，是個充滿瀑布的寶庫。

夢谷瀑布

-024-

夢谷瀑布位於南投縣仁愛鄉南豐村南山溪部落的後方，由入口處步行約 5 分鐘即可到達。這裡的居民主要是原住民西賽德克族，此處也是賞蝶的聖地，為臺灣三大蝴蝶谷之一。溪水源頭來自於南山溪，高度落差約 10 公尺，雖高度不高，但因水量充沛、水流湍急，從懸崖急遽傾瀉而下，形成了特殊的懸谷式瀑布。與另外的觀音、彩蝶兩座瀑布並稱為「埔霧三瀑祕境」。

地址：南投縣仁愛鄉南豐村
（入口處位於埔霧公路臺 14 線約 71
K 處左轉松原巷後，直行約 5~10 分
鐘即可到達）

縣市 County │ 南投 Nantou

昇り竜

不思議なことに滝の水は止まらない。なぜだろう？

365 日 24 時間休まない。滝の音色を奏でている。

滝の周辺には、植物が生まれる。

生命の源を運ぶ滝と言う存在を、今一度見つめてみる。

必ず、新しい発見があるはずだ。

私は運がいい。

偶然、選んだ島は、滝の宝庫なのだから。

注意事項

①部分路段若石濕滑，建議穿著防滑鞋或溯溪鞋，並小心腳步。②
不可在溪水邊生火烤肉，若有攜帶飲食請自行帶離，共同維護環
境。③若開車前往，入口處有一小空地可暫停車輛。④下雨天溪水
容易暴漲，且瀑布下方池水深，建議天氣晴朗時再造訪。⑤前往瀑
布的路段寬度稍窄，請小心會車互相禮讓，注意交通安全。

-025-

雙龍瀑布位於南投縣信義鄉雙龍部落東北方的山壁上，海拔約
800公尺，順著水道沿著山壁傾瀉而下，源頭屬於濁水溪支流，
終年水量豐沛奔騰浩大，可行走伊希岸天時棧道近距離欣賞。
「伊希岸」是布農族語，也是日語衍伸，意為「寂靜之地」或「布
滿石塊之地」，正是呼應此地大自然的美麗絕景。

雙龍水源吊橋

沖去渲染一身的都市喧擾煩悶！
享受視覺與心靈饗宴的大自然聖地

注意事項

①若自行開車前往，雙龍派出所前有一小廣場可暫停車子。②前往雙龍部落的道路較窄，若自行開車前往請緩慢
行駛，注意交通安全。③前往雙龍瀑布的天時棧道的行進方向為單進單出。④由於地方靠近山區，建議攜帶防蟲
噴霧。

彩虹之橋

臺灣原住民布農族生活的雙龍部落內有座擁有悠遠歷史的大橋與瀑布，全長947公尺，得經過合計有3,300階的雙龍天時棧道才能到達，需要強大的勇氣跟堅定的毅力。沿途會經過水流地段，可以觀賞到漂亮的景觀，約30分鐘即可到達終點。

孤懸群山絕壑之間的雙龍水源吊橋只限維修人員行走，觀光客不能進入，但是可以拍照。再往前進，便可觀賞到與部落同名，在陡峭的山壁中像兩條龍一樣分成兩段落下的雙龍瀑布，是長久以來一直守護著這塊土地及原住民歷史，擁有壯麗景觀的祕境。

虹の橋

台湾原住民布農族が暮らす双龍部落に、歴史刻まれた大橋と滝がある。大橋全長947メートルの為、合計3,300段の双龍天時の桟道を進む。気合いと根性だ。途中、水路を横目に自然の景観有り。所要時間、約30分程。

渓流間の大橋はメンテナンススタッフのみ通行可。観光客は写真撮影可能、通行禁止。先には、地名や部落の名から連想されるように、二頭の龍のような二段階に落下する大きな滝が鑑賞できる。この土地と原住民の歴史を見守ってきた圧巻の秘境だ。

⑤天時棧道部分路段如遇雨天會有泥濘出現，建議穿著舒適防滑好走的鞋子。⑥照片中的水管吊橋非人行吊橋，為輸水使用，僅供維修人員行走，禁止遊客進入通行。⑦已興建新的人行吊橋，長度達345公尺，號稱全臺灣最長的景觀吊橋，能近距離欣賞雙龍瀑布及峽谷景色。預計近期內將開放使用。

地址：入口處位於雙龍林道 2.6 K 處旁（天時棧道入口）

縣市 County ｜南投 Nantou

楓葉紅毯與涓涓細流交織！宛如身在高雅氛圍的日式庭院中

108K 楓之谷

-026-

楓之谷位在南投中橫公路臺 8 線 108 K 旁，在碧綠溪兩旁的山壁上有多株楓樹，主要分爲上、下游兩段方向，兩邊路段河床有散落的石頭與枯木樹幹，皆不易行走，但每到 12 月左右時，山野間的楓葉染成一片如火焰般丹紅，隨風吹動飄落在溪流中，又隨溪水漂流著，這絕美景色非常值得冒險前往一探。

風之谷之秋

什麼都不去想，讓一切都順其自然，我想，偶爾這樣也不錯。

金黃色，亮紅色，放眼望去皆是紅葉的豔麗秋景雖然也不錯，但是，萬籟俱寂，讓人感到沉靜的秋天如何呢？

靜下心來，傾聽風的聲音，宛如內心渲染上秋天的顏色。

這個感覺正是南投大自然獨特的魅力。

風の谷の秋

何も考えない。自然の流れに身を任す。たまには、いい。

黃色、紅色、まぶしいほどに紅葉する派手な秋も良いが、静寂に、心静まる秋はいかがだろうか。

風の音を聴き、耳をすませば、まるで森の声が心に染みる。

この感覚こそ、南投の大自然の魅力。

注意事項

①溪流中多處路段行走需要溯溪而行，建議攜帶溯溪用具，並注意保暖。②沿路石頭長有青苔較濕滑，建議穿著防滑鞋或溯溪鞋，注意腳步小心安全。③在入口旁路邊雖可暫停放車輛，但道路稍窄，請盡量靠邊停靠，並請來往車輛互相禮讓，注意交通安全。

地址：南投縣仁愛鄉（入口位於中橫公路台八線 108 K 旁，往梨山方向）

地址：南投縣魚池鄉山楂腳巷 9-5 號（位於 131 縣道旁的山丘上）

SPOT
東
西
南
北

金龍山觀景臺

-027-

全臺三大觀賞日出聖地之一！
隨時間氣候變化無數萬千各種絕景

縣市 County｜南投 Nantou

金龍山又稱爲槌子寮，位於南投縣魚池鄉，海拔約 800 公尺，可沿著金龍山木棧道向上，從入口處步行約 1 小時即可到達。山上一共有三個觀景臺，其中又以高度最低的第三觀景臺的視野最爲開闊最受歡迎。雖屬較低海拔山區，氣候佳時能盡收整個魚池盆地、日月潭、埔里市區，夜晚時分大自然光線與城市燈光交織成一幅美麗景色。當地管理處於 2014 年開始，在每年元旦時還有舉辦「金龍山迎曙光」的活動。

雲海與金龍

流動的雲海及滋潤內心的群山，可一眼眺望到這些景觀的便是金龍山觀景臺。在日出前及日落後的日夜轉換曙暮光時間，視野會變得較鮮明，使得雲層及群山更增添一層魅力。到了夜晚，空氣變得清晰，街道上的燈光在穿透雲層時會散開，變化出宛如將顏料混在一起的繽紛色彩，讓人可觀賞到住家燈光與雲層形成的燈光秀。全身都能感受到雲，真的很棒。

雲海と金龍

流動する海雲、心潤う群山の景観。これらを一望できる金龍山の鑑賞台。日の出前や日没後の薄明かり、トワイライトの時間帯は視界が一層鮮明になり、雲と山並みをより魅せる。夜、空気が澄み、街の色彩豊かな輝きは、雲に当たり拡散。絵の具を合わせたように無限の色へ変化。家庭が生む光と雲のイルミネーション。雲を全身で感じる。いいね。

注意事項
①若自行開車前往，在 131 縣道 16.5 K 處「金龍曙光」標示附近有「金龍山停車場」，往上至第二及第一觀景臺旁也設有小型停車場。產業道路路面較窄，請小心駕駛注意會車。②位處高海拔山上地區，建議攜帶保暖衣物。③若想欣賞日出或夜景，需要早起且爬山運動量較大，請斟酌個人體能狀況。④請將個人垃圾自行帶走，共同維護自然環境。

好山、好水、好酒、好人情！匯集多處景點一日遊不夠玩

南投縣埔里鎮位於臺灣內陸中心，四周由中央山脈、合歡山支脈及雪山支脈包圍，內部屬於丘陵和埔里盆地地形，同時也位於濁水溪和北港溪間，受到地形影響調節，是屬於夏季涼爽冬天不嚴寒的宜人氣候。除了是前往南投如日月潭等許多知名景點的交通要道外，境內也有很多值得參訪的旅遊景點。

臺灣遺產之鄉

位於臺灣中部地區的南投埔里，因為整座鄉鎮景觀具有統一感，而成為唯一被選為祕境的城鎮。埔里位於臺中東南方 35 公里，海拔 422 公尺的盆地，從空中俯瞰埔里的街景，彷彿就像是義大利的佛羅倫斯及瑞士的世界遺產伯恩。這裡為臺灣地理中心碑的所在地，是個留存有濃厚原住民傳統文化色彩的地方，為日治時代高砂族武裝抗日事件發生地霧社的入口，並且因為有多種蝴蝶棲息於此而揚名全世界。

台湾遺産の町

台湾中部の南投、埔里。統一感ある景観から唯一秘境に選考させていただいた町並み。台中から南東 35 キロメートル、標高 422 メートルの盆地に位置し、その姿は、西洋イタリアのフィレンツェやスイスの世界遺産ベルンを彷彿とさせる。台湾の地理上、中心碑の所在地でもある。原住民の伝統文化も色濃く残る地だ。日本統治時代に起きた高砂族の抗日蜂起で有名な霧社への入口、また、多種多様なチョウの生息地としても世界的に知られる。

縣市 County | 南投 Nantou　　　　地址：南投縣埔里鎮

「因爲特別，所以誘人」
手腳並用攀爬體會苦盡甘來！

SPOT
南 東
北 西

-029-

鳶嘴山

鳶嘴山又稱爲大尖山，位在臺中市和平區大雪山森林遊樂區，海拔約 2,200 公尺，登山步道長度約 2 公里。步道的最初路段尚有設置階梯較爲輕鬆，後段至登頂路段需緊貼山壁，握緊一旁繩索，一步步小心踩著石頭向上攀爬，十分驚險刺激，吸引了許多遊客前來挑戰。登頂後若還有體力，可續爬旁邊臺灣小百岳之一的稍來山，遠觀鳶嘴山的英姿。

鷹與風

險惡的山路，十二分的冒險感，激發人類挑戰心的鳶嘴山。正如這個地名一般，山頂的岩石宛如老鷹的嘴一般地尖銳，孕育出獨特的風貌。如果是晴天的話，可好好地觀賞壯麗的大自然景觀。而起霧時，能凸顯出岩石的鋒利的輪廓。老鷹嚴肅且威猛的姿態帶給人一種堅強的形象，使得牠被賦予「鳥類之王」的封號，有許多事物都使用其名來形容。我突然想起，在小學畢業紀念冊裡將來的夢想那一欄寫著我想要騎老鷹。在這座使人挺直背脊的高山前，無論是誰都不禁地正襟危坐，屏住氣息。

鷲と風

切り立った山道、十二分の冒険感。挑戦心駆り立てる鳶嘴山。名の通り、山頂の岩石は、まさに鷲の嘴。晴天時は奥一杯に満開の大自然。霧現る天候では鋭利な岩のシルエットが強調される。鷲は凛々しい姿勢と力強い印象を「鳥の王者」へと地位を確立。その名を冠した様々な物事が存在する。私の小学生の卒業アルバムの夢は、ワシに乗りたい。背を正したくなる高山を前に、人は気持ちが引き締まる。

SPOT
東西
南北

一線天入口

-030-

一線天是位在彰化市桃源里八卦山的一處狹縫型峽谷，由於砂礫岩的地形，造成雨水沉積成小型河流後，長期向下侵蝕切割而形成這兩側陡直的峭壁溝谷。從入口沿著木棧步道前行，兩側山壁也越高、通道也越狹窄，最後甚至只容一人通過。兩旁還長有茂盛的喬木及多樣的草本植物，穿梭其中能感受到大自然的神奇秀麗。

注意事項

①若自行開車前往，在入口旁有一小型停車場可暫停汽車。②步道中有部分路段地上為泥濘路，建議穿舒適防滑好走的鞋子。③內部蚊蟲較多，建議攜帶驅蟲噴霧。④由於內部地形環境特殊景色都相似，建議攜伴一同前往拜訪，並隨時注意路線。

如夢遊奇境般的神祕通道！
如人生旅途般穿越窄門後總有一片光明

微小人類世界

昂首仰望，映入眼簾的是青翠的綠葉及耀眼的太陽，真的好漂亮。舉目所見有昆蟲、小動物還有小精靈的世界，這一切都漂亮得讓人驚豔。低頭往下看是大地的斷層，抬頭往上看是被樹葉攀滿的牆壁、樹根，還有幾道穿透進來的陽光。

向大自然學習，人類有多麼地渺小，地球有多麼地壯大。而我們能做的只有朝著夢想直直地往前邁進。

小人世界

見上げれば、視界には綠葉と煌めく太陽。素晴らしい。昆虫や小動物、小人の世界は、一体どれほど綺麗なのだろうか。大地の割れ目、見上げる葉の壁、樹の根。差し込む光。

大自然から学習する。人間の小ささ、地球の大きさ。夢、目標に向かう。一直線に。

SPOT
東
西
南
北

-031-

萬年峽谷

萬年峽谷位於雲林縣古坑草嶺風景區附近。由於位處斷層帶區域，以砂岩與頁岩爲主的地質部分受地殼作用隆起後，再受到清水溪支流長年向下沖刷侵蝕，硬度較弱的部分被侵蝕後留下較堅硬的岩層，形成了這兩側高深、長度近 500 公尺的 V 字型沉積岩峽谷。也由於岩層硬度的差異，岩石被刻出了多道的線條，並露出了內部多種顏色的礦物，搭配上壺穴、急流、瀑布等自然景觀，呈現了層次豐富的景色。

層層疊疊連連綿綿！
時間與大自然共同完成的大型雕刻藝術品

在岩石製成的沙發休息

位於臺灣西南部雲林縣的萬年峽谷，擁有火山爆發出來的岩漿凝固後形成的壯麗景觀。岩石與岩石之間流著從上游奔馳而下的清澈泉水。在這裡可沿著河畔散步，但是禁止戲水。圓滑且形狀獨特的岩石形成溪水的水道，經過流水沖刷過的岩石變成深土黃色，展現出不可思議的配色。被藍天及峽谷包圍的大自然，還有隨著時間變換不同表情的空間就在這裡等待著訪客的到來。

岩製のソファで寛ぐ

台湾中西部、雲林にマグマが溶け出し固まったような大地、萬年峽谷がある。岩と岩のくぼみには、山の上流から大自然に浄水された水が勢いよく流れている。付近は岩に沿って散歩可能。遊泳は禁止。角がない独特の形の岩たちが水のレーンを作る。同時に、水が触れた場所は、黄土色が濃くなり不思議な色合いに変化。空や谷を囲む大自然と時間帯毎に表情を変える空間が来客者を待っている。

注意事項
①本區為危險水域，禁止戲水、游泳及從事其他水上活動。
②溪床路段地上長有青苔較為濕滑，建議穿著舒適防滑鞋，要注意腳步小心安全，更要注意隨行小朋友的安全。內部不方便使用孩童推車。③雨天時較危險，建議天氣晴朗時再造訪。④入口處有一小型停車場。⑤請勿朝河流內丟棄物品，自己的垃圾請自己帶走，共同維護環境。⑥目前雲林縣政府已經封閉禁止下至石床河谷區域。

SPOT
南 東
北 西

金億陽洋菇農場

-032-

在嘉義、雲林一帶的稻田秋冬時期收耕後，會將稻草捆成一捲捲堆放。以前農民會以焚燒方式處理，但考量會造成環境問題，目前都以此回收方式處理，可用在其他農地堆肥、蔬果種植時的覆蓋物、畜牧場的鋪地用等。本地的老闆從七年前開始執行稻草回收，利用稻草捲作種植洋菇時的基肥，一次性大量堆放儲存，也因此有了這片田野鄉間的特殊奇景。

地址：雲林縣虎尾鎮頂溪里 15 鄰西園 76 號
備註：已封閉

新季節地點限定！
原味瑞士蛋糕奶油捲 ?!

牧草捲金字塔 ?!

這裡的景色乍看之下會讓人誤以為身處於北海道，但地點
其實就在臺灣雲林縣。

「牧草捲」一個重約 350 公斤，直徑約為 1.5 公尺，是乳牛
們每天必吃的飼料。但是，堆積成這麼高的像金字塔一般
小山還是第一次看到，可說是另類祕境。實際爬到最高處，
高度可讓人眺望到相當遠的地方。在工廠旁的這個牧草捲
山，是個無論大人或是小孩皆可在此度過一段歡樂時光，
被廣大稻田包圍的獨特祕境。但是，2019 年 4 月時已確定
禁止進入了。重振精神，出發前往新的祕境之旅吧。

牧場ロール ピラミッド ?!

北海道の風物詩だと誤解していた牧場ロールが、なんと雲林に参
上。

この牧草ロールは、1 個の重さが約 350 キロ、直径約 1.5 メート
ル。一年通し牛のエサとなる。ピラミッドのように積まれた状態
は前代未聞、一種の秘境。実際よじ登ると相当な高所。遠方まで
見渡すことができた。工場横に現れた牧場ロールの山には大人か
ら子供まで景観や撮影を楽しみ、田んぼに囲まれた唯一無二の景
観を生んだ。しかし、2019 年 4 月立入禁止が確定。気を取り直
して、新しい秘境の旅へ出発。

姊妹潭

一體兩面亦正亦反！
夢幻如鏡的靜謐仙景

-033-

姊妹潭位於阿里山國家森林遊樂區內，海拔約 2,300 公尺，是兩座比鄰一大一小自然形成的高山湖泊，面積分別約為 160 坪與 20 坪。兩潭的週邊設有環潭木棧步道，可漫步在天然的紅檜林間享受芬多精，同時也能從各處角度遍賞湖中全景。這夢幻如鏡的靜謐水面美景，也因此被電影《星空》選為拍攝場景。

縣市 County | 嘉義 Chiayi

孔雀藍湖泊

阿里山指的是由位於嘉義的尖崙山、祝山、對高山、大塔山、塔山等 18 座大山組成的國家風景區，阿里山這個名稱據說來自於生活在這個地區的臺灣原住民鄒族頭目的名字，可說是讓人感受到歷史及傳統的神聖之地。

資源豐富的環境孕育出的純淨泉水將天空的藍清楚地映照出來，與受到早晨陽光照射的高山顯現出的翡翠色相互輝映，是個創造出神秘孔雀藍世界觀的祕境之湖。臺灣就是這麼美麗的國家。

孔雀青色の湖

嘉義県にある尖崙山、祝山、対高山、大塔山、塔山など、18 の山々から成る国家風景を総称して名づけられた、阿里山。この名は、この地域に生きる台湾原住民鄒族の頭目の名前と言い伝えがある。歴史と伝統が包む聖地。

資源豊富な環境が育む純度高い水は大空の青を完全に引き寄せ、早朝の光が照らす山の翡翠色と重なる。結果、神秘的な孔雀青の世界観を生み出した秘境の湖だ。台湾、それは美しい国。

注意事項

①大眾交通工具班次較少，建議事先確認發車時間。②阿里山森林遊樂區需入園門票。詳細票價以官方網站資訊為準。③若自行開車前往，園區設有三座停車場，建議在上山前務必事先在附近把油加滿。④垃圾請自行帶走，共同維護環境整潔。⑤湖水水量有滿水及枯水期，可能會有與照片不同的景色。

地址：嘉義縣阿里山鄉中正村 56 號（阿里山森林遊樂區內）

二延平步道

-034-

被縹緲雲海與綠色茶海環繞！

雲霧氤氳變化萬千

縣市 County │ 嘉義 Chiayi

地址：嘉義縣番路鄉公田村隙頂
（登山入口處位於臺 18 線阿里山公路 53.5 K 旁）

二延平步道位於隙頂山與二延平山之間，視野遼闊，是阿里山山脈的延伸，長度約 1 公里，木棧道沿途上有茶園梯田和竹林風光一片翠綠，可在休憩亭俯瞰嘉南平原，逐步登高景致越爲開闊。由於此處地勢高峻、水氣充沛、土質肥沃，栽種的阿里山茶葉也受到許多品茶人士的喜愛。

天空的茶田

我來到海拔 900 公尺，位於二延平步道的茶田。從這裡開始約 1,500 公尺之間，阡陌交錯的畝畝方田種滿茶葉，茶樹高度整齊劃一。散落其間的岩石宛如浮在空中的小島一般，配上點綴的雲朵，就像是個大自然創造出來的盆栽藝術品。從茶田一眼望去可看到海拔較低的鄉鎮，還有漂亮的夕陽等，也讓我們在內心大滿足的情況下踏上歸途。

天空の茶畑

標高約900m、二延平歩道の茶畑に到着。ここから約1500mの間に茶畑が交錯する。均等に耕された茶畑と無差別に散らばる大きな岩石。まるで空に浮かぶ小島だ。雲が折り重なれば、大自然が魅せる盆栽の芸術作品。茶畑から海抜低い街と夕焼けを一望し、心も満足し帰路に立つ。

注意事項
①茶園為私有地，請勿隨意觸摸或攀折茶葉。②由於位處高海拔，溫度變化大，建議攜帶防寒保暖衣物。③由於步道道路狹窄，請來往遊客互相禮讓通行。④登山口處有廁所。⑤山上為多雨區域，建議隨身攜帶雨具以備不時之需。⑥雲海等現象受氣候等自然因素影響，可能會有無法遇到的情況。

縣市 County｜嘉義 Chiayi

-035-

SPOT
南東
北西

燕子崖、青年嶺、千年蝙蝠洞

巨大化千層蛋糕！瑞里八景的其中三景就在這裡

嘉義梅山燕子崖位於瑞里風景區青年嶺步道途中，與旁邊緊連的千年蝙蝠洞組成一大片的壯大岩壁，燕子崖、青年嶺步道及千年蝙蝠洞，即為瑞里八景中的三景。由於積年累月的造山運動影響造成海床上升後，上方泥質砂岩的地質經風蝕的作用下，形成了一層層平行的橫條狀切痕；下方則有一高度約 2 公尺的通道，可走木棧步道穿越而過，旁邊的岩壁上密布著整齊的大小細孔，昔日有不少燕子及蝙蝠在此棲息，故各得其名。

燕子與蝙蝠的樂園

阿里山的資源孕育出來的眾多祕境中有個燕子崖。想到之前的經驗，這次我做好萬全的登山準備，蓄勢待發，卻發現實際上只需步行被稱為青年嶺的木棧道及石階 2.5 公里，約莫 15~20 分鐘就可到達，而且全程都是下坡。穿過道路前方的情人橋後，就可看到高達 40 公尺的燕子崖，是大自然形成的力與美。據說雨量多時，會有瀑布流下，可讓人看到不同的景色。

去程雖然都是下坡，非常輕鬆，但相對的回程都是上坡，我想這件事得好好記得，下回再來時要留點體力回程爬坡。

燕と蝙蝠の楽園

阿里山の資源が生む秘境の一つに、ツバメの崖がある。ここまでの道のりを考慮し、今回は登山具を完備するも、実際は青年領と呼ばれる 2.5Km の木材と石の階段を 15-20 分程下るだけ。情人橋と呼ばれる橋を越えると、早速 40m の高さを誇る燕子崖が現れる。自然の形成した力と美。雨量が多いときはここに滝が出現。異なる風景を生み出すそうだ。

帰りの階段は、行きの楽な階段をずっと上がらなければならないことを肝に銘じておこう。

注意事項

①要小心毒蛇及蜜蜂出沒。②路途中偶有青苔易滑，需注意腳步小心慢行。③青年嶺步道有兩個入口：其一在 166 縣道 72.2 K 處旁，先下坡約 170 公尺，再上陡坡約 350 公尺 (建議路線)；另一處在 166 縣道 78.7 K 處，路程狀況則與前相反。兩登山口路線相連通，整段步道路程約 2 小時。④瑞里風景區內設有停車場及廁所。⑤瀑布水量受氣候影響，可能會有不同的景色出現。⑥自己的垃圾請離開時隨身帶走，共同維護環境整潔。

諦願寺

-036-

藝術與宗教的結合！
尋找看看，
哪尊羅漢與你最投緣

諦願寺位於高雄市六龜鄉紅水坑，占地面積約6,000坪，是六龜區的三大寺廟之一，整座寺院建築設計爲大型中國北方宮殿式建築，內部的屋簷、梁柱、寺壁上有傳統彩繪及浮雕壁畫，融合了中、日、韓、臺的技術與文化，以佛教故事爲主，耗時費力製作而成。寺院內外處處都充滿了獨特佛教藝術之美，以及莊嚴宏偉的氣氛。

地址：高雄市六龜區紅水坑 11-1 號

神明的世外桃源

不稱做祕境的話，還有什麼其他更適合的形容詞呢？

諦願寺建造於可眺望星空的理想地點，高雄市的溫泉鄉六龜。建築物內外皆有許多足以慢慢鑑賞的景色。一進入寺區，就可看到規模壯觀的 500 尊羅漢迎接到來的訪客們，每尊羅漢的動作及神情都不同。爬上正面的階梯之後，就可看到全臺寺廟史上最大規模的金黃寶殿。裡面的西方三聖殿，是宇宙及神明的空間，天花板上畫有象徵宇宙的誕生及起源的星空。小溪潺潺，寧靜的鄉鎮，這個被群山包圍的世外桃源就位於高雄六龜。

神様の桃源郷

ここを秘境と呼ばず、何と言うのだろうか。

高雄六亀、温泉郷と星空に恵まれた地に諦願寺は建つ。建物内外には、鑑賞必須のポイントが多く点在。敷地に足を踏み込むと、表情動作が全てが異なる圧巻の石像 500 体 - 五百羅漢が来客を迎える。階を上がれば台湾のお寺史上、最大級の黄金の間。奥の西方三聖殿では宇宙と神様の間。天井には、宇宙の誕生を表した星空が流れている。川と町並み、群山に囲まれた区域の桃源郷、高雄六亀にあり。

注意事項
①寺院是莊嚴肅穆之地，進入後請保持安靜。②寺內部分地方無法攝影拍照，請遵從寺院規定。
③欣賞寺內各處的藝術作品時，請勿隨意觸摸。

富山農牧場

小林的最愛！
適合大小朋友的休閒農場體驗

來與鴕鳥成為朋友吧！

自然環境、美食、親近人類的動物，還有牧場老闆們的盛情款待。

位於高雄六龜的富山農牧場，與想像中有著廣大草原及成群牛羊的牧場不一樣，動物與人的距離非常親近的環境是這裡的特色之一。還有使用了各個產地的特產並集合了許多對身體有益的食材熬煮而成的數種煲湯——人參杏鮑菇燉品、人參糯米燉品、冬蟲杜仲燉品等，各道料理食材搭配完美，打造出絕品美味。

如果運氣好的話，還可看到鴕鳥漫步於牧場內，雖然鴕鳥腳壯碩得有如恐龍一般，但是真的是超乎想像的可愛。這裡也是我非常喜歡的祕境之一。

ダチョウと親友になろう！

自然環境、美食、人懐っこい動物たち、また、オーナー達のおもてなし。

想像する牧場のような、大草原と牛のイメージとは異なるが、動物もみな家族のような距離感は、富山農牧場の特徴だ。産地の特産を使用した健康食材を積め込んだ鍋三種、人蔘杏鮑菇燉品、人蔘糯米燉品、冬蟲杜仲燉品は、それぞれの具材と相性、絶品です。

もし運が良ければ、ダチョウも牧場内を散歩している。ダチョウとは想像以上に愛くるしい。しかし、足は恐竜だった。ここは私の大好きな秘境。

注意事項

①由於前往入口的道路狹窄，請放慢速度緩慢前進。②請勿自行餵食動物。

地址：高雄市六龜區荖濃里裕濃路 81 巷 14-7 號
時間：09:30～19:00

富山農牧場是於 1995 年成立的有機農場，位於高雄市六龜區荖濃里，總面積約近 4,000 坪，園內提供多道美食料理，其中飼養繁殖的法國香檳鳥，已成爲六龜特產之一。享用完美食，在農場內欣賞農場主人種植的花卉，和野放的動物近距離互動，適合假日前來體驗農場的生態自然。

墾丁國家公園是臺灣最早成立的國家公園，位於臺灣最南部的恆春半島上，海拔約 400 公尺左右，屬中央山脈餘脈，總面積共達 33,000 公頃。是全臺唯一一座位處熱帶氣候區的國家公園，故園內擁有多種熱帶景色及豐富多變的生態資源，且三面環海，水質清澈，周邊海域也孕育有珊瑚礁生態。除景色之外，也具有許多歷史文化資產，是國家級的重要自然寶庫。

-038-

大型天然動植物博物館！
臺灣的代表觀光地

墾丁國家公園

漂浮於墾丁的奇蹟之石

你知道位於北歐挪威海拔 1,000 公尺的奇蹟石（謝拉格伯頓石，Kjeragbolten）嗎？

沒想到在臺灣墾丁旅行時，竟然偶然發現被夾在峭壁中的奇妙岩石，岩石就位於墾丁國家公園內，在高達數公尺的懸崖裂縫中夾著巨大的岩石，岩石看起來隨時都有可能會掉下來。不知道是經過怎樣的地殼變化而形成這個驚人的景色，大自然的力量真的是我們無法去想像的。

臺灣到處都充滿了許多意想不到的感動及新發現。

墾丁に浮かぶ奇跡の石

北欧ノルウェー標高 1,000m に位置する聖地の奇跡の石シェラーグボルテンをご存知だろうか？

思いもしなかった、墾丁旅行中、偶然その奇妙な岩石に類似した景観を墾丁国家公園で発見。数メートルの崖に巨大な岩石が挟まった状態。今にも落下しそうだ。一体どのような地殻変動がこのような驚愕の景色を生んだのだろうか。計り知れない自然の力。

思い掛けない感動と発見が溢れている、台湾。

注意事項

①垃圾請自行帶走，共同維護環境清潔。②請勿隨意摘採、帶走或破壞園區內動植物、岩石等任何屬於大自然的物品。③可能會遇到野生動物，請勿大聲驚擾及餵食。④請勿隨意自行攀岩山壁，避免危險發生。⑤建議攜帶登山裝備，評估個人體能狀況，並結伴同行。

縣市 County｜屏東 Pingtung

SPOT
東西
南
北

神山瀑布

 -039-

巨神兵盤據峽谷！
享受大自然浴洗滌身心靈

守護部落的巨神兵

這裡有一座與臺灣原住民魯凱族一同生存於這塊土地的瀑布。魯凱族從前
被稱爲澤利先族（Tsarisen），此名稱的意思爲「山中之人」。

每個人都需要一段能忘卻衣服髒污、不去在意手機是否有訊號、拋開便利
生活的時間，全心投注於大自然擁抱的空間。位於神之山裡的這座瀑布，
一瞬間看起來宛如天空之城的巨神兵。

部落を守護する巨神兵

台湾原住民魯凱族の部落と、この地に暮らす滝がある。魯凱族は昔、ツァリセン族
（Tsarisen、澤利先族）とも呼ばれていた。その名は、「山の人」を意味する呼称。
人間には時に服の汚れ、携帯の電波、便利さを一時離れ忘れる思考が必要だと思
う。全身を大自然に捧げる、この時間だ。神の山にある滝。一瞬、滝が巨神兵に見
えたんだ。

注意事項

①由於路程中與瀑布下方的道路長有青苔，要注意腳步小心滑倒。②通往瀑布的拱橋上兩側無護欄，通行時請注意安全。③山上可能會有毒蛇出沒。④瀑布兩旁有落石的可能，要小心注意安全。⑤瀑布下水潭水深危險，請勿游泳、戲水或跳水。⑥無公共交通方式抵達，建議自行開車或騎車前往，車子需先停在入口前方路邊。⑦瀑布易受天候影響水量，若逢雷雨季、颱風天等請勿靠近，溪水會有暴漲的可能。

屏東縣霧臺鄉的居民以魯凱族為主，霧臺的地名也是由魯凱族語「Vedai」而來，位在屏東縣的東北部中央山脈山地上，平均海拔在 1,000 公尺以上，加上此地為多雨地區，受到水量充沛的隘寮溪等溪流長年沖刷，造成了此地多處的峽谷和瀑布的壯觀奇景。神山瀑布是其中較易親近的祕境，位於神山社區的下方，從入口處步行約 20 分鐘的下坡路段即可抵達。

地址：入口處位於花蓮縣秀林鄉燕子口隧道旁
入園申請專線：03-8621576

SPOT
西 東 南
北
-040-

錐麓古道

錐麓古道位於花蓮縣立霧溪北岸的陡峭山壁之中，最早期是太魯閣族各部落間來往聯繫的主要道路，是目前合歡越嶺古道的主線當中，保存最完整的一段遺跡。此處的地質結構幾乎都由大理石岩所構成，不易崩落，加上由於地殼運動作用，與立霧溪的長年切割，才形成這曾被譽爲「東亞第一斷崖」的奇景。向上仰望山壁崢嶸險峻，向下俯瞰溪水奔騰流瀉，蔚爲壯觀。

比臺北101還高！
驚險的空中步道！

勇者開拓精神

花蓮縣的山區南北長約 38 公里，東西寬約 41 公里，總面積爲 92,000 公頃，占地廣闊，是爲太魯閣國家公園，通稱「太魯閣」。我想只要問大家可稱上世界遺產的地方是哪裡，大概所有人都會回答太魯閣國家公園吧！而位於這座架於山谷間的吊橋後方有個錐麓古道。

登山步道長約 10 公里，海拔 1,100 公尺，不需要高度的攀爬技巧，但是，幾個小時的登山道對於平常沒有在爬山的我來說非常吃力。深入山林之後，等待著我們的是令人驚訝的壯觀景色。山頂附近的山路非常狹窄，往前幾步就是懸崖，可說是斷崖絕壁，在日本像這樣的地方一定禁止進入。「太魯閣」這個地名帶有勇者開拓精神的意思，我覺得非常適合用來稱呼發現此處的旅人。

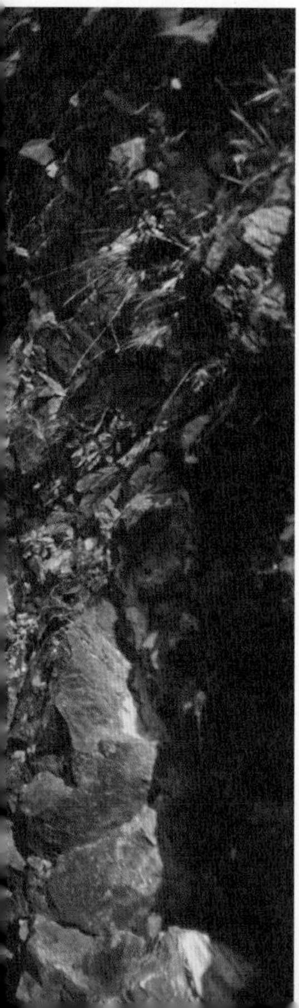

勇者の開拓精神

花蓮県山部群、南北約 38km、東西約 41km、総面積 92,000 ヘクタールに及ぶ広大な敷地、太魯閣國家公園。通称タロコ。台湾の世界遺産級名所を予想すれば、真っ先に思い浮かべる区域だろう。そして、吊橋の奥に錐麓古道はある。
登山道は距離 10km、標高 1,100m。特に高度な技術も不要だが、登山慣れしていない私は数時間で山の洗礼を受ける。深い森の先には驚愕の光景が。山頂付近には細い細い一本道がある。数歩先は断崖絶壁。わたしの国なら間違いなく立入禁止。太魯閣（タロコ）には、勇者の開拓精神という意味があるんだ。まさにこの地を発見した旅人に相応しい名だ。

注意事項

①如欲前往，必需事先線上向太魯閣國家公園管理處申辦入園許可，取得「入園證」後，並在現場繳費，方可進入（全票 200 元，半票 100 元）。受理申請時間為入園前一天 15:00 前至 30 天內。入園時間為上午 07:00-10:00，且有承載量管制措施。②若遇有雨天、強風、颱風、天災等不可抗力因素，太管處視情形會有封閉路線的可能。③因道路十分狹窄，且為單線雙向通行，請互相禮讓，小心緩慢行走。④請勿往峽谷下亂丟物品，也請小心隨身物品滑落。⑤步道沿線常有毒蛇昆蟲出沒，請小心注意安全。⑥若自行開車，需先把車開至燕子口步道內靳珩橋上停放（收費亭再往前開 600 公尺處）。⑦園區內無廁所。⑧古道雖然部分路段設有階梯步道，但仍有陡坡山路，建議攜帶登山裝備，並評估個人體能狀況。⑨雖無年齡限制，但建議小朋友、老年人或行動不便者，要有家屬朋友陪同。

縣市 County｜花蓮 Hualien

如心似月又像車？大海雕刻的藝術品

花蓮石門麻糬洞位在石門遊憩區的下方，高度約 5 公尺、寬約 20 公尺，可從停車場處沿著木棧道往下步行約 10 分鐘即可到達。由於此處地質主要是黑色的火山集塊岩所構成，質地較爲堅硬，長時間經海水沖蝕後，呈現了一座天然的海蝕洞。洞內的四面皆有對外洞口，從洞口望出各有不同的景色。這大自然的神作也因此被知名的好萊塢電影《沉默》選爲拍攝場景。

月之洞窟

海岸隨著海水的漲退潮變化表情，大浪打上岸壁，激起數公尺高的浪花，毫無休息地演奏著屬於大海的交響樂。麻糬洞跟一般黑暗伸手不見五指的洞窟不同，有著廣大的空間，在加上海風的吹拂，充滿了開放感。洞窟自古以來被人們利用，在文明發展之前，天然的洞窟通常被當作人的居住之地。再往內走一點，可看見形成新月或臺灣形狀的空洞，光線穿越空洞宛如聚光燈一般，是個祕密拍攝景點。在這一帶散步看看，或許可找到屬於自己的祕境。

月の洞窟

潮の満ち引きで表情変える沿岸。大海の波が岸壁に衝突し、数メートルの水しぶきが舞う。休暇無く海のハーモニーを奏でる麻糬洞は、暗闇で五指が霞む洞窟とは異なり、大空間と海風が吹く。開放的は十分だ。洞窟は古くから人間に重宝されてきた。文明が発達する以前から、ひとの住居となっていたことも頷ける。奥に、三日月型と台湾型の形状の穴があった。光が差込み、スポットライトのようにもなる密かな撮影ポイントだ。付近を散策すれば、自分だけの秘境を捜し当てられるだろう。

注意事項

①在洞窟內及外面周圍的立腳處十分不穩，建議穿著舒適防滑的鞋子，並注意腳步小心行走。②由於就在海岸邊，漲潮速度很快，一定要小心注意潮汐時間和海象變化。若有小朋友要請家長陪同，注意安全。③離開時記得帶走隨身垃圾，共同維護環境整潔。④因位於海邊無遮蔽物風較大，要小心站穩腳步並建議多帶衣物防風保暖。⑤石門遊憩區內有廁所。

金門馬山觀測場

金門不只有高粱！
細細品味蘊藏的豐富歷史
與文化的記憶脈絡

金門縣共有12座島嶼，因受地理位置影響，在過去和馬祖同樣曾是重要的戰略據點，經歷過許多大小戰事。面積雖小，但現今仍保留有許多的文化資產、歷史悠久的古蹟、當地的傳統宗教活動與風俗民情、豐富的自然生態以及海島特有的迷人景色。此外，還有多樣著名的當地名產，逐漸發展出屬於金門獨有的特色。

馬山觀測所：位於金沙鎮的馬山，距離中國的距離僅約 2,000 公尺，在歷史上曾是重要的軍事要塞，被稱為「天下第一哨」。內部有一段戰備坑道，設有當時的軍事設施，以及照片展示，重現當時情景。

地址：金門縣金沙鎮官澳東北角 ｜ 時間：08:30~17:00

注意事項

①馬山觀測所：需注意手機訊號是否自動轉為國際漫遊狀態。②金門每年 3～5 月時期為多霧時期，航班及船班易受天候影響較不固定，需確認每日情況。③馬祖早晚溫差較大，建議注意防曬及攜帶保暖衣物。④搭乘國內線班機時，一定要記得隨身攜帶身分證。⑤若計畫在當地租乘汽機車出遊，記得攜帶駕照。⑥需注意在特定軍事地點禁止拍照攝影。

穿梭時空前往下個世代！

「從 1992 年起，臺灣人民不需要簽證即可前往金門，而從 1994 年起，開放外籍旅客前往。」我來到這個於 20 多年前才剛開放的島嶼，因為這裡到數十年前都還受到飛彈的攻擊。放眼望去，可看到紅棕色的磚頭為這裡增添了一抹色彩，還有小鎮裡隨處可見的歷史遺跡，金門擁有的獨特景觀是沒有辦法在其他地方看到的。

尤其是馬山觀測所的戰備坑道更是壯觀的令人屏息，坑道內可看到機關槍、槍堡等軍事設施，光是步行於此就讓人感到緊張的氣氛。金門的重要性連不是臺灣人的我也可感受到，是座神祕的島嶼。

次代をタイムスリップ！

「1992 年、台湾国内からビザなしで金門への訪問が可能に。1994 年、外国人も立入可能になった。」僅か 20 年程前に拓いた島、なぜならば、数十年前まで砲撃を受けていたからだ。島中を彩る赤いレンガ、歴史の爪痕が刻まれた町、金門の独特な景観は他に類を見ない特別なもの。

特に、金門馬山観測所の戦備坑道は圧巻だ。坑道内には機銃やトーチカ等の軍事施設があり、歩くと不思議な緊張感がまだあるような気配が。外国人の私でさえも、大切な土地であるような情緒を感じる。神秘の島だった。

馬祖位於臺灣本島西北方的臺灣海峽上，由於地理位置因素，曾和金門同是重要的戰略據點。地形屬於花崗岩丘陵，到處可見如海蝕洞等的特殊地質景觀，也因此土壤貧瘠不適合農作，多以漁業為主。如今依然保有豐富的自然風景、獨特的建築聚落、重要的歷史文化資源等，還有當地純樸居民最美麗的人情味。

大坵島

-043-

國之最北邊境！
深入探訪四鄉五島之美

神明居住的小島

雖然想按下快門，但我更想用心享受這個瞬間，我想無論是誰偶爾都會有這樣的時候。從馬祖轉搭小船前往距離馬祖北竿約 200 公尺，面積僅 0.69 平方公里的大坵島時，就在步下船那一刻，草叢中突然跑出一頭鹿，帶著嚴肅表情的鹿及我同時都停下了彼此的腳步，互相觀察對方的一舉一動，陽光照射著周遭植物，大地閃閃發光，一瞬間，時間彷彿停止轉動般地過了幾秒鐘，我終於忍不住地拿出相機，拍下這趟旅程開始時的第一張照片。

神が住む島

シャッターを切りたいが、今はこの瞬間を楽しみたい、たまにそんな時がある。馬祖から小島へ船を乗継ぎ、距離として馬祖北竿約 200m、面積僅 0.69 平方 km の大坵島へ。降り立つと同時に突然草むらから現れた一頭の鹿。凛とした表情の鹿と私は同時に停止。互いを観察する。太陽が植物を照らし、大地が光り輝く。一瞬、時が止まったような数秒を越えて、遂にカメラを取り出した。これは旅がはじまった時の一枚だ。

縣市 County ｜馬祖 Matsu

注意事項

①北海坑道：白天參觀需配合潮汐漲退才能進入，需注意每日潮汐時間。②若需前往大坵島，現在除了縣政府在夏季的定期航班之外，都需要包船才能前往，需事先注意船班資訊。③馬祖與各離島之間的交通以船運為主，船班受海象影響較不固定，需注意每日航班情況。④馬祖每年 3～5 月時期為霧季，航班受天候影響較不固定，需確認每日航班情況。⑤需注意在特定軍事地點禁止拍照攝影。⑥若攜帶當地動植物出境時，需請相關單位開立產地證明書，或是填寫聲明書。⑦馬祖早晚溫差較大，建議注意防曬及攜帶保暖衣物。⑧搭乘國內線班機時，一定要記得隨身攜帶身分證。

地址：連江縣北竿鄉北方離島

大坵島：位於北竿的北方，受人口外移影響，成為了馬祖唯一能登島的無人島。近年來復育梅花鹿有成，有機會可以看到梅花鹿覓食及奔跑的模樣。除此之外，沿著步道行走，還可欣賞許多豐富的生態之美。

西瀛虹橋

澎湖是位在臺灣本島西方約 50 公里處臺灣海峽上的島嶼群，稱爲澎湖列島或澎湖群島，是臺灣第一大離島群，由 90 座大小不同的島嶼所組成，實際上有居民居住的只有其中的 19 座島嶼。地形主要是由玄武岩、珊瑚礁及砂礫所組成，也因此造成每座島嶼的海岸線都十分狹長且複雜，總長度長達 300 多公里，擁有豐富絕美的海洋自然生態景觀。政府已於 2014 年將澎湖劃定爲臺灣第九座國家公園「澎湖南方四島國家公園」。

注意事項

①搭乘航班及船班因易受天候影響較不固定，需確認每日情況 ②搭乘國內線班機時，一定要記得隨身攜帶身分證。③若計畫在當地租乘汽機車出遊，記得攜帶駕照。④若選擇以自駕方式巡禮，島上雖交通流量小，但仍請減速慢行，注意交通安全。⑤禁止隨意採取珊瑚礁，共同維護當地自然生態。⑥澎湖夏季氣候炎熱，建議做好防曬措施。⑦澎湖實施減碳運動中，飯店旅宿業者不會主動提供一次性盥洗用品，建議自行攜帶。⑧若前往造訪無人島時，請自行帶走垃圾，共同維護環境。⑨奎壁山地質公園：若行走在退潮後的礫石路上時，要小心腳步，並注意潮汐時間。請勿隨意撿拾石頭，共同維護潮間帶生態環境。

地址：澎湖縣馬公市中興里介壽路 7 號（觀音亭海濱公園內）

受到大海及藍天喜愛的島嶼

澎湖的天空及大海都藍的令人炫目，這種美讓人無法用文字表達。而我對於這個島嶼的印象也就只有簡單的四個字，純淨的藍。另外，在這個島嶼，還可依太陽照射的角度不同，欣賞到不同的地球風景。在這個充滿南國特有開放感的的島嶼，讓人感到身心舒爽。

在旅途中的某天，我們一大清早就前往隨著漲退潮變化而浮現出來的連接奎壁山與赤嶼的神祕道路——奎壁山地質公園享受日光浴。還有到西瀛虹橋用全身感受澎湖的湛藍，並在清淨的空氣及陽光照射中遠眺朝日。在這個島嶼碰到的所有事物都美麗得令人屏息，並且閃爍著亮眼的藍色光輝。

海と空に愛された島

一言では表せない無限の青、澎湖の海と空。島の印象は、至ってシンプル、青い。そして、この島では、太陽の動きに合わせ、刻一刻と表情を変える地球に巡りあう。南国特有の開放感溢れる雰囲気は満点、気分も心も爽やかに。

旅のある一日。早朝、潮の満ち干きで現れる奎壁山と赤嶼を結ぶ道、奎壁山地質公園で日を浴びた。そして、西瀛虹橋に訪れ、澎湖の青を全身で受け取る。清らかな空気とまぶしい太陽光の元で眺めた朝日。この島では全てが美しく、ただ青い。

琉球嶼通稱為「小琉球」，位於屏東縣西南方海上的一座獨立小島，面積僅約 7 平方公里，從屏東搭船只需半小時即可抵達。由於地理位置環境佳，四季各具有不同風情，除了無敵海景之外，還有多樣性的自然生態、島上高密集度的傳統廟宇、悠閒的漁村生活等，都值得慢慢品味。小琉球也已於 2000 年時被政府列屬「大鵬灣國家風景區」管轄範圍內。

SPOT
の宝
島

-045-

烏
鬼
洞

臺
灣
唯
一
珊
瑚
礁
島
！
享
受
自
在
慢
活
的
生
活
步
調

海龜居住的珊瑚礁桃源鄉

「小琉球本身是珊瑚礁因地殼變動隆起而形成的珊瑚礁島。」這是當地人向我述說的小琉球形成原因。

珊瑚岩礁嶙峋突兀，縫隙之間棲息了許多植物及小生命。而且，這裡一年四季皆可玩水看海，讓我不禁懷念起沖繩。小琉球是個以具有極高的機率可看到海龜而出名，擁有豐富資源寶庫的島嶼。

在島上散步時，突然發現了一個令人頗感興趣的地名，烏鬼洞。沿途觸目所及的珊瑚礁皆呈現出人工無法做出來的自然且特殊形狀，讓人彷彿身處於島嶼美術館內。原來在離臺灣本島不遠之處有這樣一個小桃源鄉啊！還有在這裡看到的星空也漂亮得讓人炫目。

海亀が暮らす珊瑚礁の桃源郷

「珊瑚礁が天変地異で浮き上がって生まれた島。」だと現地人は語る。珊瑚の特有なとげとげした岩の間に、植物や生命の息が宿る。ここは、年中海開きで知られ、私は無意識に沖縄を懐かしむ。海亀にも高確率で遭遇できると有名な資源宝庫の島、小琉球。

島の散策中、眼に入ってきた興味深い名、烏鬼洞。道の珊瑚礁は無造作で特殊な形をしており、気分は離島の美術館。そうか、台湾本島から近くに小さな桃源郷があったのか。そして、夜の星空もまた美しいんだ。

注意事項

①由於小琉球海邊多有珊瑚礁或有毒性生物，若要從事浮潛等海上活動時，一定要有當地嚮導帶領，小心注意安全以免誤觸，並請勿擦抹防曬油，避免汙染影響海洋生態。②請勿隨意捕捉或摘採當地陸面及海中動植物，共同維護當地自然生態。③若選擇以自駕方式巡禮，請減速慢行，注意交通安全。④由於當地居民晚上休息時間較早，若在戶外從事夜間活動，請盡量放低音量勿大聲喧嘩，避免影響當地居民的生活作息。⑤若參加浮潛活動欣賞海龜時，請勿追趕、驚嚇、隨意觸摸或捕捉牠們。⑥請勿隨意亂丟垃圾，並做好垃圾分類，共同維護當地環境。

蘭嶼是臺灣的第二大島，位在臺灣本島東南方的海上，行政區歸屬於臺東縣。早期名稱爲達悟族語的「Ponso no Tao（人之島）」，後因島上盛產蝴蝶蘭，改名爲現今的名稱「蘭嶼」。地形是由海底火山噴發後遇海水凝固所形成的火山島，居民多是原住民達悟族人，島上除了有著多樣化的自然景觀之外，還有許多特有的達悟族傳統風俗文化與飲食料理，非常值得深度探訪。

SPOT
の宝
島島

蘭嶼

-046-

可以把手機丟在一旁！

全心享受與大自然共同生活的魅力吧

守護神是，飛魚

蘭嶼存在著對地球來說最理想的人類生活，是臺灣原住民達悟族，別名雅美族生活的土地。這裡的大自然可說是亞洲的寶物，從氣象臺眺望地平線升起的朝日，清澈湛藍的大海，照亮夜晚大海的滿月，還有滿天的星空。

在這之中，特別讓人停下目光的是傳統漁船，拼板舟。雕刻上太陽圖騰，以紅、白、黑三種顏色裝飾的船稱爲 ipanitika，沒有任何裝飾的則稱爲 ipiroaun。島上總共有六個聚落，拼板舟船上的圖案隨著聚落不同呈現出不同的樣式，聽說這是爲了方便辨識漁船主人，並且其上各有一具嵌上長尾雞羽毛及帶有金色裝飾的船頭飾 moron。在這裡得到的經驗難以用文字表達，而島嶼的存在本身就是祕境。

守護神は、トビウオ

この島には、地球にとって理想の暮らしがある。台湾原住民のタオ族、別名ヤミ族が暮らす土地。ここの大自然はまさにアジアの宝物。気象台から眺める朝日、透き通った大海、夜の海照らす満月、時々、満天の星空。特に眼を引くのは伝統的な船、チヌリクラン（拼板舟）だ。太陽がシンボルでありの彫刻には、赤白黒の3色で装飾を施した船はイパニティカと呼ばれる。装飾がないものは、イピロアウンと称する。模様の意匠は島に6つある集落毎に異なり、所有者が認識できるようだ。先端にはモロン（Molon）と呼ばれる彫金と羽根の飾りを取り付ける。ここで得た経験は文字に起こせない。島の存在が秘境である。

注意事項

①由於達悟族人有自己的文化禁忌，請勿隨意觸碰拼板舟及登船。②當地具有許多達悟族的文化特色，在拍照前也請先取得同意，尊重當地特有的達悟族傳統文化，互相友善交流。③島上只有一家的郵局、加油站及便利商店，要隨時注意現金、油量等是否足夠。④若選擇以自駕方式巡禮，島上雖無紅綠燈交通號誌，但仍請減速慢行，可能會有豬羊等動物出沒。⑤當地公共交通運輸工具較少，若計畫出租機車出遊，記得攜帶駕照。⑥前往蘭嶼的航班及船班易受天候影響，建議事先調查班次資訊。⑦為了避免增加當地負擔，建議自行攜帶環保筷等，並將可回收的垃圾帶回臺灣本島，共同維護當地美麗環境。⑧由於蘭嶼海岸有多處珊瑚礁等危險區域，若要從事水上活動，一定要有當地嚮導帶領，注意安全，並請勿擦抹防曬油，避免污染影響海洋生態。⑨請勿隨意捕捉或摘採當地陸面及海中動植物，共同維護當地自然生態。

　龜山島 ·· 宜蘭縣頭城鎮海岸以東約 10 公里處

SPOT　春夏
秋冬　-048-　林安泰古厝民俗文物館 ································· 臺北市中山區濱江街 5 號

SPOT 春夏秋冬 -049- 大屯山助航臺觀景平臺 ······ 臺北市北投區大屯山車道上

SPOT 春夏秋冬 -050- 水尾漁港神祕海岸 ······ 新北市金山區民生路 2 號

秋冬 春夏

烘爐地南山福德宮

新北市中和區興南路二段 399 巷 160 之 1 號

-052-

SPOT

秋冬 暮盛夏

千島湖

新北市石碇區北宜路六段獅仔頭坑巷 16 號

SPOT 春夏
秋冬 林本源園邸 ⋯⋯⋯⋯⋯⋯⋯⋯⋯⋯⋯⋯⋯⋯⋯ 新北市板橋區西門街 9 號

SPOT 春夏
秋冬 桃園市大溪橋 ⋯⋯⋯⋯⋯⋯⋯⋯⋯⋯⋯⋯⋯⋯⋯⋯ 桃園市大溪區瑞安路一段

SPOT　春夏秋冬　-057- 霧峰林家宮保第園區 ⋯⋯⋯⋯⋯⋯⋯⋯⋯⋯⋯⋯⋯⋯⋯⋯⋯⋯ 臺中市霧峰區民生路 26 號

SPOT　春夏秋冬　-058- 高美濕地 ⋯⋯⋯⋯⋯⋯⋯⋯⋯⋯⋯⋯⋯⋯⋯⋯⋯⋯⋯⋯⋯⋯⋯ 臺中市清水區美堤街 8 號

日月潭 ·· 南投縣魚池鄉日月村文化街 127 號

忘憂森林 ·· 南投縣鹿谷鄉內湖村興產路 12 號

SPOT 春夏秋冬 -061- 正統鹿耳門聖母廟 ⋯⋯⋯⋯⋯⋯⋯⋯⋯⋯⋯⋯ 臺南市安南區城安路 160 號

SPOT 春夏秋冬 -062- 四草綠色隧道 ⋯⋯⋯⋯⋯⋯⋯⋯⋯⋯⋯⋯⋯⋯⋯ 臺南市安南區大眾路 360 號

SPOT
春夏
秋冬

三仙臺風景區

臺東縣成功鎮三仙里基翬路 74 號

-065-

SPOT

春夏
秋冬

翡翠谷

花蓮縣秀林鄉銅門村榕樹路（銅門大橋旁）

SPOT
春夏
秋冬

大農大富平地森林園區

花蓮縣光復鄉農場路 31 號

SPOT-047-	龜山島	⋯⋯⋯⋯⋯⋯⋯⋯⋯⋯	宜蘭縣頭城鎮海岸以東約 10 公里處
SPOT-048-	林安泰古厝民俗文物館	⋯⋯⋯⋯⋯⋯	臺北市中山區濱江街 5 號
SPOT-049-	大屯山助航臺觀景平臺	⋯⋯⋯⋯⋯	新北市北投區大屯山車道上
SPOT-050-	水尾漁港神祕海岸	⋯⋯⋯⋯⋯⋯⋯	新北市金山區民生路 2 號
SPOT-051-	烘爐地南山福德宮	⋯⋯⋯⋯⋯	新北市中和區興南路二段 399 巷 160 之 1 號
SPOT-052-	千島湖	⋯⋯⋯⋯⋯⋯⋯⋯⋯⋯⋯	新北市石碇區北宜路六段獅仔頭坑巷 16 號
SPOT-053-	林本源園邸	⋯⋯⋯⋯⋯⋯⋯⋯⋯	新北市板橋區西門街 9 號
SPOT-054-	桃園市大溪橋	⋯⋯⋯⋯⋯⋯⋯⋯	桃園市大溪區瑞安路一段
SPOT-055-	頭前溪豆腐岩	⋯⋯⋯⋯⋯⋯⋯	新竹縣竹北市興隆路一段
SPOT-056-	魚藤坪斷橋	⋯⋯⋯⋯⋯⋯⋯⋯	苗栗縣三義鄉龍騰村苗 49 鄉道上
SPOT-057-	霧峰林家宮保第園區	⋯⋯⋯⋯⋯⋯	臺中市霧峰區民生路 26 號
SPOT-058-	高美濕地	⋯⋯⋯⋯⋯⋯⋯⋯⋯⋯	臺中市清水區美堤街 8 號
SPOT-059-	日月潭	⋯⋯⋯⋯⋯⋯⋯⋯⋯⋯⋯	南投縣魚池鄉日月村文化街 127 號
SPOT-060-	忘憂森林	⋯⋯⋯⋯⋯⋯⋯⋯⋯	南投縣鹿谷鄉內湖村興產路 12 號
SPOT-061-	正統鹿耳門聖母廟	⋯⋯⋯⋯⋯⋯	臺南市安南區城安路 160 號
SPOT-062-	四草綠色隧道	⋯⋯⋯⋯⋯⋯⋯⋯	臺南市安南區大眾路 360 號
SPOT-063-	大津瀑布	⋯⋯⋯⋯⋯⋯⋯⋯⋯	屏東縣高樹鄉 185 線沿山公路 2K 旁
SPOT-064-	三仙臺風景區	⋯⋯⋯⋯⋯⋯⋯⋯	臺東縣成功鎮三仙里基翬路 74 號
SPOT-065-	翡翠谷	⋯⋯⋯⋯⋯⋯⋯⋯⋯⋯⋯	花蓮縣秀林鄉榕樹路（銅門大橋旁）
SPOT-066-	大農大富平地森林園區	⋯⋯⋯⋯⋯	花蓮縣光復鄉農場路 31 號

原住民

繼承太陽的，人們。
是在尋找世界遺產旅途中偶然發現的，
讓我停下前進的腳步，毫無猶豫。

這裡有些肉眼無法看見的東西，
一定有些雙手無法抓住的東西，
而他們將那些東西收藏於內心。

島嶼的原石，
臺灣原住民。

原住民

太陽を受け継ぎし、人。
世界遺産の探索中に偶然出逢い、足を止めた。
迷い無く。

見えないなにかが、ここにある。
掴めないなにかが、きっとある。
彼等は、それを心に持っている。

島の原石、
台湾原住民。

原住民

概要

臺灣原住民族（Indigenous Taiwanese．Taiwanese aborigine），至少於 17 世紀前就定居在翡翠大地臺灣。依臺灣政府官方認定之族群，一共有 16 個族群，目前人數共 56 萬人，僅占臺灣總人口數 23,590,744 人中的 2.3%。

多元族群匯集於臺灣，豐厚了臺灣的歷史與文化，更因族群和語言分歧、史前文化考古遺跡又與鄰近海洋島嶼彼此間有相互關聯等因素，因此讓人類學者及語言學者推測，臺灣是廣大的南島語族發源地，說明臺灣在人類發展的歷史上，占有相當重要的地位。

歷史

臺灣政府原先依照日治時期對於人群的分類，將原住民族分為 9 族，分別是阿美族、泰雅族、賽夏族、布農族、鄒族、魯凱族、排灣族、卑南族及雅美族。基於尊重民族自決，臺灣政府自 2001 年後，逐步進行族群認定，使官方承認的族群數量逐漸增加。

2001 年（民國 90 年）	邵族正式成為官方承認的第 10 個臺灣原住民族。
2002 年（民國 91 年）	噶瑪蘭族成功恢復族名，成為官方承認的第 11 個臺灣原住民族。
2004 年（民國 93 年）	泰雅族人口數約 10 萬，其中約有 3 萬人居住在花蓮縣立霧溪流域。太魯閣族過去因語言、文化和泰雅族不同，被歸類於賽德克族分支，在其自我主觀同意識下，要求成為獨立族群，並成功獲得官方承認。
2007 年（民國 96 年）	撒奇萊雅族過去被歸類為阿美族分支，因語言、文化、祭儀等與阿美族不同，歷經正名運動後，由官方承認其為獨立的原住民族。
2008 年（民國 97 年）	賽德克族於 4 月成為官方承認的獨立民族。
2014 年（民國 103 年）	卡那卡那富族、拉阿魯哇族過去被歸類於鄒族，並合稱南鄒。經過原住民族委員會委託國立政治大學研究調查結果，認定兩者與鄒族分屬 3 個不同的族群，因此於 6 月獲得官方承認為獨立民族。

台湾の原住民族（Indigenous Taiwanese・Taiwanese aborigine）少なくとも17世紀前から翡翠大地の台湾に定居。台湾政府が正式認定するのは、合計16民族。台湾総人口約23,590,744人と比較し、原住民の人口は約56万人。よって、総人口の2.3%を占める。

多元的な民族が台湾に結集し、台湾の歴史や文化の厚みを広げている。更に、民族と言語には相違があり、先史考古学からは遺跡と近隣の海洋島が互いに関連し合う。人類学者と言語学者は、台湾は広大なオーストロネシア語族の発源地と推測。台湾は人類の発展歴史において、大変重要な役割を担っていることを意味する。

歴史

台湾政府は日本統治時代、原住民族を9つの民族に分類。それぞれはアミ族、タイヤル族、サイシャット族、ブヌン族、ツォウ族、ルカイ族、パイワン族、プユマ族とタオ族。国家が民族の自決権を尊重し、2001年以来、台湾政府は徐々に民族の認定を行った。よって、公的に認められた民族の数は増加傾向にある。

2001年	サオ族が10番目の台湾原住民族として正式認定。
2002年	クバラン族が族名として復帰、11番目の台湾原住民族として正式認定。
2004年	約10万人いるタイヤル族のうち、約3万人が台湾東部花蓮の立霧渓流域を中心に居住しており、タロコ族が以前からタイヤル族とは言語・文化が異なると主張。セデック族の一支だとされてきたが、独自の意識も強かったため、独立を要求し正式認定。
2007年	過去にサキザヤ族はアミ族に含まれていたが、言語、文化、祭儀等がアミ族とは異なるため、正名運動により、独立した民族と正式認定。
2008年	セデック族が4月に独立した民族と正式認定。
2014年	過去にカナカナブ族とサアロア族はツォウ族に含められており、南ツォウ族と称されていた。しかし、原住民族委員会が依頼する国立政治大学の研究調査結果によると、両者ともツォウ族とは異なると認定。6月に独立した民族と正式認定。

語言

臺灣原住民族語，在語言學分類上屬於南島語系（又稱馬來——玻里尼西亞語系 Malayo-Polynesian）。南島語族的起源有「臺灣起源」、「中南半島起源」、「中國沿海起源」及「東南亞起源向南北擴張」等假說。其中臺灣起源由考古學者 Peter Bellwood、歷史語言學者 Robert Blust 及 Colin Renfrew 的農業動力學說所提出，引起國際高度注目。Jared M. Diamond 更曾在科學期刊《自然》（Nature）刊登〈臺灣給世界的禮物〉（Taiwan's gift to the world），說明臺灣原住民族語言、農業技術和製陶技術跨海遠播，是人類發展重要的禮物。臺灣原住民族的語言維持南島語系原型，加上考古學證據佐證，因此臺灣是南島語族原鄉的論述越來越被肯定。

言葉

台湾原住民族の言葉は、言語学上では、オーストロネシア語族 (マレー・ポリネシア語族 Malayo-Polynesian) に属している。オーストロネシア語族は「台湾起源」、「インドシナ起源」、「中国沿岸起源」や「東南アジア起源及び南北拡散」など様々な仮説がある。その中の台湾起源では、考古学者 Peter Bellwood、歴史言語学者 Robert Blust 及び Colin Renfrew の農業動力学説と呼ばれる一説から学説が提出され、国際的な注目度も極めて高い。Jared M. Diamond は定期刊行物の「自然 (Nature)」で「台湾から世界への贈り物 (Taiwan's gift to the world)」を掲載した。台湾の原住民族言語、農業技術及び製陶技術が遠く海を渡り伝授することは、人類発展において重要なプレゼントになると述べた。台湾原住民の言葉はオーストロネシア語族の最も古い形を保持。考古学的な証拠を含め、台湾はオーストロネシア語族の故郷であると、年々位置づけられている。

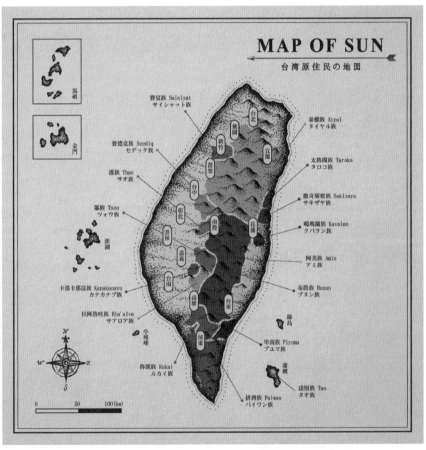

臺灣 16 族原住民的分布地圖｜台湾 16 族原住民の分布地図

在日治時期臺灣原住民族依漢化程度，被區分為「生蕃（高砂）」及「熟蕃（平埔）」。其中「生蕃」的後裔就是現今臺灣法律承認之 16 族的「山地原住民族」。各部落名稱及人數如下：

日本統治時期に漢人化された程度により、台湾原住民は「生蕃（高砂）」と「熟蕃（平埔）」に分かれていた。その「生蕃」の後裔は現在台湾法律に認められた 16 族の「山地原住民族」である。各部族名及び人数は下記のとおり。

2019 年 1 月
566,129 人
16 民族

阿美族	Pangcah (Amis)	アミ族	211,279 人
排灣族	Payuan (Paiwan)	パイワン族	101,560 人
泰雅族	Tayal (Atayal)	タイヤル族	91,021 人
布農族	Bunun	ブヌン族	58,944 人
太魯閣族	Truku (Taroko)	タロコ族	31,859 人
卑南族	Pinuyumayan (Puyuma)	プユマ族	14,358 人
魯凱族	Drekay (Rukai)	ルカイ族	13,390 人
賽德克族	Seediq	セデック族	10,202 人
賽夏族	SaiSiyat	サイシャット族	6,676 人
鄒族	Cou (Tsou)	ツゥウ族	6,668 人
達悟 / 雅美族	Tao(Yami)	タオ / ヤミ族	4,635 人
噶瑪蘭族	Kebalan (Kavalan)	クヴァラン族	1,482 人
撒奇萊雅族	Sakizaya	サキザヤ族	961 人
邵族	Thao	サオ族	803 人
拉阿魯哇族	Hla'alua (Saaroa)	サアロア族	405 人
卡那卡那富族	Kanakanavu	カナカナブ族	345 人
尚未申報		戸籍届出なし	11,541 人

造訪部落時的注意事項

▲ 部落是原住民生活的地方，並不是觀光地。

▲ 在大前提下，造訪部落時請帶著尊重對方的態度。

▲ 造訪部落前，請事先學習基本的相關歷史及知識。

▲ 每一個傳統物品、設備、住宅等都是很貴重的文化遺產。絕對禁止隨意觸摸，或本著興趣隨意進入等行為。必須要事先取得同意。

▲ 若要對人物、設備等進行拍攝時，必須事先取得對方同意。

▲ 請勿隨意針對部落中的傳說、歷史事件等進行評論。

▲ 參與祭儀時，更請務必要嚴守當地的規則。

另外，被區分為「熟蕃」的「平地原住民族」，在當時日治時期戶籍資料於種族欄登記為「熟」、「平」者即是統稱為「平埔族」的原住民族。包含以下所列各族。

また、「熟蕃」に分類された「平地原住民族」は日本統治時代、戸籍の民族欄に「熟」、「平」と登録された人たちは「平埔族」だと呼ばれている原住民族。以下は「平埔族」の一覧である。

噶瑪蘭族	Kavalan	クバラン族
龜崙族	Kulon	クーロン族
道卡斯族	Taokas	タオカス族
巴宰族	Pazeh	パゼッへ族
拍暴拉族	Papora	パポラ族
巴布薩族	Babuza	バブザ族
西拉雅族	Siraya	シラヤ族
馬卡道族	Makatao	マカタオ族
洪雅族	Hoanya	ホアンヤ族
阿立昆族	Arikun	アリクン族
羅亞族	Lloa	ロア族
凱達格蘭族	Ketagalan	ケタガラン族
雷朗族	Luilang	ルイラン族
馬賽族	Basay	バサイ族
哆囉美遠族	Trobian	トルビアワン族

其他：歐布諾伙族（Oponoho）、古納達望族（Kungadavane）、得樂日卡族（Teldreka）等。

その他：オポノホ族、ワヌガダバネ族、テルドレカ族等。

▲観光地ではありません。

▲部落を訪問する際は、大前提として相手を尊重する気持ちを持って下さい。

▲部落を訪れる前に、基本的な歴史及び知識を学んで下さい。

▲伝統的な物品、設備、家屋はいずれも貴重な文化遺産です。触ったり、興味本位で中へ入るなどの行為は絶対にやめましょう。先に、了承を得る必要があります。

▲人物、設備などの撮影は、事前に了承を得る必要があります。

▲言い伝えや、歴史的事件に対する安易な評論は差し控えて下さい。

▲祭儀の際は、更に現地の規則を厳守してください。

原住民

排灣族─パイワン族

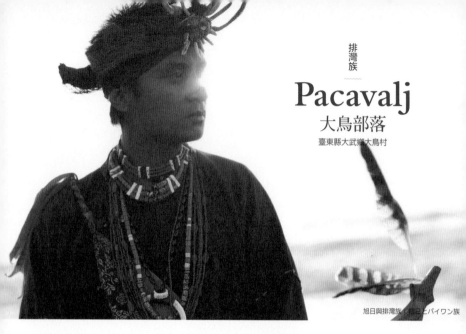

Pacavalj

大鳥部落

臺東縣大武鄉大鳥村

旭日與排灣族 / 朝日とパイワン族

部落介紹

大鳥部落位於臺灣東南方，是東部排灣族中人口最多，也是最大的部落。前有太平洋，後倚南大武山，氣候終年炎熱，陽光燦爛，海水是帶著些許黑色的湛藍，居民也深受海洋文化洗禮，都帶著樂觀開朗及海派的海洋性格。

部落的服飾特徵中有一部分與排灣族服飾基本特徵不同，並且配色也不是排灣族常使用的黑、紅、黃基本色系。大鳥部落因地理環境及歷史發生變化而吸收了新的多元文化，在排灣族中獨樹一格，具有自己的特色。

服飾的主色系擷取了天空與海洋的「藍」。而十字繡是大鳥部落服飾中最具特色的部分，其繡工極爲精緻，配合採用八種顏色的彩虹色階，將不同的顏色巧妙組合繡於衣服、裙子後面及男性褲片上。傳統服飾在藍天的襯托下，顯得特別耀眼華美，與東臺灣美麗的陽光大地非常契合。

部落情報

台湾東南部に位置する大鳥部落は、東部にある排湾族の中で最も人口が多い部落である。部落の前には、太平洋が広がり、後ろには南大武山がある。気候は一年中暑く、太陽の光が燦爛としており、海水がやや黒みを帯びた青色。住民も海の文化を心にもち、皆が楽観的で明るく、大海のように寛大である。

部族の服飾は、排湾族の特徴とは類似していない部分もある。黒、赤、黄などの排湾族服飾の基本色な配色も同様に多様していない。大鳥部族は、地理環境と歴史上に起きた変化と共に、新たな多元文化を吸収し、排湾族の中でも自己の色を出している。

服飾の主色は大空と大海の「青色」を使用する。それに加えて、十字繍（クロスステッチ）は大鳥部族の服飾の中で最も個性強い。刺繍の技術は極めて精致、八種類の虹のような階調も併せ持つ。異色であっても組み合わせ、服、スカートの後ろ及び男性のズボンの上に刺繍する。青空が服飾を引き立て、とても眩くて華美である。東台湾の美しい日光の大地にもよく合う。

笆扎筏
小さな盆地

小米｜小米

手工製作的民族服飾與捲煙｜手製の民族衣装と葉巻

大鳥部落讓我下定決心留在臺灣，並且這片土地也為我帶來了人生的轉機。被映著旭日的大海照耀著的人們，帶著笑容在部落內到處奔跑的小孩們，還有用流暢的日文告訴我日治時代故事的婆婆，這些對我來說全都是難以忘懷的回憶。他們招待我的田雞料理，飼養中的豬，取代鬧鐘的雞叫聲，自己挖洞建造的廁所中突然出現的蛇，在這裡度過的時間以及所有的相遇，對我來說都是人生中全新的體驗。還有我這幾年使用的手編錢包也是「Made in 大鳥部落」。

雖然臺灣很熱又不是大國，但是座寶島啊。早年曾生活在日治時代的婆婆 samunanu-shinya 對我說的。

台湾に残る決意をした地、大鳥部落。わたしに人生の転機を生んだ土地でもある。朝日の海に照らされるひと、部落を駆け回る笑顔の子、流暢な日本語で婆様が教えてくれた日本統治時代の物語、全て忘れることができない記憶だ。ご馳走のカエル、飼育中の豚、アラーム代わりの鶏の鳴き声、穴を掘った自家製トイレと突然現れた蛇。ここで過ごした時間と出逢う全てが新しい。数年間使用している手編みの財布も Made in 大鳥だ。

「台湾は暑くて大きな国ではないけれど、宝の島なのよ。」samunanu-shinya さんの言葉。

笆札筏布工坊
地址：臺東縣大武鄉大鳥村 292 號
電話：089-792151

說著一口流利日文的部落老婆婆｜流暢な日本語を話す部落の婆様

排灣族

Lalaulan
拉勞蘭部落
臺東縣太麻里鄉新香蘭

部落介紹

每年夏季，拉勞蘭部落青年會與屏東、臺東友好的部落皆會互相邀請參與彼此的收穫祭，聯繫情感。圖為青年們將祝賀收穫祭的禮品送至屏東縣春日鄉七佳村 Mamazangiljan（傳統領袖）家中，並在傳統領袖家屋外唱歌跳舞，給予部落祝福。

通常釀酒前，七里香的葉子會被用來當作潔淨酒甕的材料，避免釀酒遭到不明外力干擾而失敗。七里香燃燒後上升到天際的煙霧，也被認為具有和祖先溝通的功能，亦能驅趕和去除不潔之物。因此，拉勞蘭部落青年出訪外村，皆會戴上七里香，保佑青年平安。

部落情報

毎夏、拉労蘭部族（拉勞蘭部落，Lalauran）の青年団は、屏東と台東にある友好部族と互いの収穫祭に招待し合い、絆を深める。写真は青年達が収穫祭の際、お祝いの贈り物を屏東県春日郷七佳村 Mamazangiljan（伝統持つ指導者）の家に送り届け、部落の長の家外で歌い、踊りを舞いながら、部族に祝福を与える姿である。

「七里香：シチリコウ」は台湾の原生植物である。排湾族語では「Kaljapang」と言う。普段お酒を醸造する前に、七里香の葉は酒がめに清潔用の材料として用いられ、醸造の過程において重要な役割を果たす。失敗を払い退ける意味も。七里香を燃やした後に煙が空へ昇っていき、先祖をつなぐ架け橋となる。邪気払いや魔除けの効力も信じられている。そのため、拉労蘭部族の青年は他の部落を訪問する時、みな七里香を身に付けており、七里香は青年たちの無事を守護するよう祈る。

小林日記

與青年同行
青年と共に

生活在東部的他們，和在走訪南部的部落時，打招呼的方式大致上相同。首先，拜訪頭目的家。遞上飲料等互相碰面。之後，在家的前面牽著手，展現各部落的舞蹈。圍成一個圓圈，唱著排灣族語的歌曲，逐漸地某種看不見的東西，產生了像是共鳴的空間。我詢問了歌曲和舞蹈的意義。

唱歌跳舞的內容是說：「收穫祭即將來到，我們將進入新的年，族人們要珍惜彼此相聚的時刻，也一定要團結。」

東部に暮らす彼等が、南部の部落をまわるとき、挨拶の方法は大体同じだ。まずは、頭目の家を尋ねる。飲料などを届け、顔合わせをする。その後は、家の前で手を繋ぎ、部落毎の舞いを見せる。円陣を組み、パイワン語で歌い、ゆっくりと見えない何かが、意思の疎通を測るかのような空間が生まれる。歌と踊りの意味を聞いた。

「収穫祭は間も無くやってくる。私達は新しい年に入るため、部族の人々は互いに集まる時間を大切にし、団結しなければならない。」

原住民在跳舞時特有的牽手組合形式 | 舞う際の原住民特有の組み手

Makazayazaya
瑪家部落
屏東縣瑪家鄉和平路一段

在婚禮活動時穿着正式服裝的排灣族ーお祝い事で正装の衣類を纏うパイワン族

部落介紹

瑪家部落位於屏東縣瑪家鄉，居民以排灣族的馬卡札亞札亞社（排灣語：Makazayazaya）為主，排灣族語是「傾斜的山坡地」、「溪流坡地上」之意。日治時期政府爲便於管理，曾將散落在各地的原住民，包括「馬卡札亞札亞」、「排依路絲」、「他拉巴共」等三個村社的族人聚集在此村落內。戰後三個村落合併，並將鄉名改爲瑪家鄉後歸屬於屏東縣至今。當地除了自然風景優美外，還保有許多排灣族的文化及歷史意義。

部落情報

台湾南部屏東県瑪家郷に位置する瑪家部族。主な住民は排湾族のマカザヤザヤ社 (Makazayazaya)、また排湾族語では「傾く山地」、「谷川のある山地上」という意味である。日本統治時期に政府の管理が行き届くようするため、各地に分散していた、「マカザヤザヤ (Makazayazaya)」、「パイルス (Pailusu)」、「タラバゴン (Talabagon)」などの三つの集落をこの村に集めた。戦後、三つの集落が合併され、地名を瑪家郷に変えて屏東県に属した。大自然景色以外にも、数多くの排湾族文化と歴史的意味を持つ部落である。

臺灣原住民之一，以身上穿著的華麗莊嚴服飾而聞名的排灣族。
族人們相信貴族與百步蛇有著神祕的關聯性。因此傷害百步蛇
是族中的禁忌之一。

有一天，我收到了部落朋友的邀請，讓我有機會能夠從頭到尾
參與一場排灣族的婚禮。不只排灣族，臺灣原住民在進行結婚
典禮時，都會先與祖先們一同舉行慶祝儀式，這就像是一場連
接過去與未來的神祕祭典。

而婚禮，是從「個人」轉變為「家族」的關鍵時刻，婚禮的完
成證明了彼此成為家族的一分子。只有在你成為這個家的一員
之後，才能被允許與家人一同分配人生的資源。他們的心，是
代代子孫傳承而誕生的梁柱，是無法受災害或時代潮流沖刷的
石碑。果然，臺灣原住民的美，即使在這瘋狂的現代裡，也能
持續閃耀著光輝。

台湾原住民の一つ、荘厳な装飾を纏う部族で知られる排灣族。
百步蛇を貴族系統と神秘的な関係があると信じられ、それを
殺傷することは禁忌である彼等。

ある日、部落の友人に招待状をもらい、結婚式に密着した。
排灣族を始め、台湾原住民の式では、ご先祖様達と共に祝儀
し、過去と未来を結ぶ神秘の祭典のよう。

結婚。それは、"人"から"家"に変わるための鍵。結婚の完
了は家族の一員になった証。あなたが「家」になったときに
のみ、家族と人生に資源を配分することが許される。彼らの
心が代々と子へ受継がれるからこそ生まれる絆の柱。災害や、
時代に流されない石碑。やはり、台灣原住民の美は、この荒
れ狂う現代の中で、一層輝き続けている。

老婆婆在選擇婚禮上要使用的花卉裝飾
結婚式の花飾りを選ぶ婆様

用花卉、鳥的羽毛及編織物所組合而成的成品
花、鳥の羽、編み物等が組み合わさった完成形

排灣族

Kuljaljau
古樓部落
屏東縣來義鄉古樓村

部落介紹

古樓部落（Kuljaljau）是少數保留了排灣族傳統文化祭儀最完整的部落之一，其中五年舉行一次的 Maljeveq（人神盟約祭）最為人所知。而部落名稱的由來，據當地人流傳，是由於過去在舊古樓，有時會刮起像龍捲風的強風（排灣語：kemuljekuljekulj）而得名。

部落情報

古樓部落（Kuljaljau）は排湾族の少数派だが、伝統文化の祭儀を最も完全に保留する部落の一つ。五年に一度行われている Maljeveq（人神盟約祭）は最も認知された祭儀である。部落名の由来は、過去旧古楼に時々竜巻のような強風（排湾族語：kemuljekuljekulj）があったため、地元民により名称を得たと共に、広く伝わった。

在日治時代分離的相同民族再次聚集的日子
日本統治時代に離れた同民族が再結集した日

即使生活在不同地方卻像兄弟般談話聊天的青年們
暮らす場所は異なるも兄弟だと会話する青年ら

用被稱作連杯的雙人飲酒杯來乾杯喝酒的排灣族
連杯と呼ばれる二人用コップと乾杯するパイワン族

小林日記

Tjagaran 家族宗親會
チャガラン家族の宗親会

頭目是維繫部落命脈的中心，身兼主辦各種祭儀，及幫助族人生活大小事的義務。我在這天很幸運地受邀與古樓頭目 Tjagaran 家族，一同見證了這歷史性的瞬間。他們在今年 2019 年 3 月 1 日，藉著首次舉辦宗親會重新凝聚向心力，並有來自七佳、來義、丹林、土坂及中心崙等數百位親族前來道賀，聚集在古樓部落。另外繼任頭目的 Tjuku（許齡心女士），也在當天由家族耆老親自為她插上代表頭目身分的三根熊鷹羽毛，除了是一份至高無上的光榮，也意味著對部落負責的開始。

頭目は部族生命の中心を担い、祭儀を兼ねて主催し、一族の暮らしや日常を助ける義務がある。わたしは、幸いなことに継承の儀式に招かれ、古楼部落の頭目チャガラン一族と共に歴史的瞬間に立ち会った。彼らは今年 2019 年 3 月 1 日初めて宗親会（遠い祖先を中心とする概念）の開催を通じて、改めて、力を凝集。そして、七佳、来義、丹林、土坂及び中心崙などから、数百人の親族がお祝いのため、古楼部落に集う。頭目を引き継いだ若き女性 Tjuku（許齢心さん）は、当日一族の耆老より頭目の証、三本の熊鷹の羽根を挿し、受け継ぐ。これは、この上ない光栄であること以外に、部族に対する責任を持ち初めるという意味もある。

原住民

卑南族 ― プユマ族

卑南族的精緻刺繡　卑南族の精密な刺繡

卑南族

Tamalrakaw
泰安部落
臺東縣卑南鄉泰安村

部落介紹

泰安部落位於臺東縣卑南鄉泰安村大巴六九山的山麓，原爲卑南族傳統八社中的「大巴六九社（Tamalakaw）」，卑南族語是「勇士」的意思。部落是由 Putuwan、Pulradengan 及 Sanar 三大家族所組成，最初是從霧臺鄉阿禮村遷移至現今所在地。其族人們相信，他們的祖先發源於現今臺東縣太麻里鄉美和海岸附近山坡地上的一巨石，也就是著名的「石生傳說」。

泰安部落有著純樸與寧靜，並抱持著誠實且不斷地持續努力，才能到達遙遙遠目的的信念。除了保有傳統的文化與歷史外，還有豐富的大自然生態。

部落情報

台湾東部台東、卑南郷大巴六九山の山麓に位置する泰安部落。元は卑南族にある伝統八社の中の「大巴六九社（Tamalakaw）」である。卑南語では「勇士」という意味を持つ。Putuwan、Pulradengan、Sanar の三つの家族から成り、屏東県霧台郷阿禮村から現在地に遷移してきた部落だ。その一族では、先祖の発祥地が現在の台東県太麻里郷美和海岸附近の山にある巨石であったと言い伝えがある。それは、有名な「石生伝説」と呼ばれ知られている。

泰安部落は純朴さと寧静致遠の概念がある。 誠実、且つ、こつこつと努力を続けないと、遠くにある目的に到達することはできない意味を差す。伝統的文化と歴史を持つ以外、豊富な大自然生態もある。

他們在比賽短時間內多快能完成一間漂亮的小屋
短時間で小屋をどれだけ早く綺麗に作れるか競い合う

丁丁
デンデン

你對於祖先的事情知道多少呢？這篇日記記錄林再宸生先生的祖先，以及家族歷史的文字摘錄。家族有多大，帶有多深厚的歷史，從古老的過去到你現在所在的這個時間點，一定誕生了不少故事。就讓我們來看看他們從祖先那裡繼承下來的其中一個人生篇章。

Singalrad（希納拉德）是我的外曾祖母的名字，她是一位偉大的人物。曾偷偷鼓勵我的外公向學，外公也因此當上了日治時代的警察。外公於 1886 年出生，名為 Upitr。

他很願意嘗試冒險。例如，當時蝸牛是日本人從菲律賓帶來作研究後放生的陌生生物，也沒人吃過。外公在五歲時試煮試吃蝸牛後身體無恙，便以蝸牛的螺旋狀外殼將蝸牛取名為 tamurarang（達姆拉浪），只有泰安部落有這個名稱。之後，他在其他的各族都是用日語為蝸牛命名，像是 dingding（丁丁）或 kacemoli（嘎賓摸利）。

あなたは祖先のことをどれくらい知っています

か？ここに記録するのは、祖先、家族の歴史を継承する林再宸生さんの日記。家族の大きさ、深さ、あなたが今そこに存在するまでには、多くの物語が生まれてきただろう。覗いてみよう、彼らが引き継ぐ祖先の人生を。

Singalrad（希納拉德）—私の母方の曽祖母の名前だ。偉大な人物である。彼女はこっそりと曽祖父を励まし、学問を志させた。そのため、日本統治時代、曽祖父は警察へ就職。曽祖父は 1886 年に生まれ、名前は Upitr。

彼は何事にも果敢に挑戦する、冒険家だ。その時代、カタツムリは研究のため、日本がフィリピンから持ってきた後に放し、誰も食べたことがなかった。曽祖父は 5 歳の時にカタツムリを煮て食べる試みをし、無事に確認。曽祖父は、命名の際にカタツムリの殻の螺旋から名前を連想できるように、tamurarang(タムラララン) と名づけた。よって、この tamurarang(タムラララン) はここ泰安にしかない。その後、曽祖父は部落を巡り、カタツムリに日本語名をつけて回っていた。dingding("デンデン" と似た音) 或いは、kacemoli("カツモリ" と似た音) などであった。

原住民

布農族 ─ ブヌン族

Sulai-iaz
初來部落
臺東縣海端鄉海端村

小朋友正努力練習射箭的姿態｜弓術の練習に励む子供の姿

部落介紹

初來部落位於臺東縣海端鄉，是布農族的小聚落。在日治時代晚期，從附近的布農族人遷入所建社。當時，因當地有許多榕樹，便以榕樹的布農族語 Gulaiath 來命名，稱爲「初來」。每年的 11~12 月之際，初來部落會祈禱小米豐收，開始播種，並舉辦「小米播種祭」。而在每年的 1~3 月時，村中的男士們會圍成一個圓圈，高唱「祈禱小米豐收之歌」。歌曲開始是四部合唱，隨著音域的升高，達到最高音的破壞音後驟然停止，然後再依前面的合音模式，不斷地重複進行和聲的破壞和重建，以達到最後的圓滿之音「maslin」。這也就是受到世界矚目的八部合音唱法。布農語稱爲「Pa-si-but-but（米豐收歌）」。歌聲的好壞會影響農作物的收成，是奉獻給重要且神聖上天的歌聲。

部落情報

台湾東部台東、海端郷にある初來部族（Sulai-iaz）はブヌン族の小さな部落の一つである。日本統治時代後半、部落付近から集まったブヌン族が創立。当時、この地には、多くの榕樹があり、ブヌン族語で榕樹を意味する Gulaiath にちなんで、「初來」と命名。毎年 11 月 -12 月頃、彼等は栗の豊作を祈り、種を撒き、祭りを催す。1 月 -3 月頃になると、村の男陣が輪を作り、栗豊作祈願の唄をうたう。歌い始めは四部の合唱であるが、音域が高まるにつれて、最も高い音が現れる。破壊音と呼ばれるその高い音が出たそのとき、歌を止める。最初の合音の歌い方に従い、また合唱を始め、止め、を繰り返す。これを、最後の円満な音「マスリン」に至るまで続ける。これが世界にも注目される八部合音である。布農語では、パシブブと呼ばれる。歌声の良し悪しは豊作物の農凶に関わるとされ、重要且つ尊く、天に捧げる声だ。

只有在射耳祭時才被允許狩獵規定數量的動物
射耳祭のときだけ指定された数の動物を狩ることが許可される

分送給大家料理好並切成一口大小的肉
調理された一口サイズのお肉を配布

鍛鍊出粗壯的小腿肚和小腿肌腱
鍛え上げられたふくらはぎとアキレス腱

在練習打靶的年輕人
銃の練習をする青年

小林日記

泛靈信仰
アニミズム

屬於布農族小聚落的初來部落，至今依然傳承保有布農族的神話故事。他們對於萬物的創造，並沒有宇宙起源等傳說。只信仰著與太陽、月亮、星星這些大自然間的和諧互動和對話。他們的傳統信仰是「泛靈信仰」。相信人有兩個靈魂，一個在左肩，另一個在右肩。這兩個不同的靈魂，各自擁有獨立的意志，能決定人的行動。左肩的靈魂，掌管粗暴、貪婪；右肩的靈魂則掌管友愛、慷慨等行為。一般相信這兩個靈魂都是從父親傳承而來的，也展現了布農族尊重敬老制度的一面。

ブヌン族の中の一つ小さな集落である初來部落は、今も依然として継承された神話が残る。彼らは、万物の創造には、宇宙の起源などの伝説はないと考えられていた。よって、太陽、月、星、これら自然との対話だけが信じられていた言い伝えがある。伝統的な思考が「泛靈信仰：アニミズム」である。人には、二つの霊魂があり、一つは左の肩。もう一つは右肩。この異なる二つの魂が独立した意思を持つと考えられており、人の行動を決める。左肩は、乱暴、貪欲。右肩には、友情、寛大などの意思が宿る。これらは、敬老制度の布農を尊重するように父親から受け継がれると信じられている。

布農族

Sununsung

永康部落

延平鄉永康村

會說打招呼程度的日文，是能詳細引導介紹的代表 | 挨拶程度の日本語が可能で、細かい誘導案内の代表

部落介紹

永康部落位於臺東縣延平鄉東北方，鹿野溪與鹿寮溪流經此地，居民多數為布農人。他們善於狩獵，體察山林韻律，發展出「祈福之音（俗稱八部合音）」。布農人的畫曆，記錄不同季節的工作與祭儀，其最著名的祭儀「射耳祭」，每年在百年茄苳樹前舉辦，勇士聚集在此，感謝獵物們的奉獻，讓部落族人可以存活，同時將文化與禁忌傳承給孩子，叮囑他們勿忘傳統，這才是射耳祭的眞正意義。

部落情報

台湾東部台東、延平郷の東北部に位置する永康部族。ここは、鹿野川と鹿寮川が流れ、大多数の住民がブヌン族：布農族である。彼らは狩猟が上手く、山林の韻律を観察し、「幸福祈願の音」を作り出した（通称「八部合音」）。ブヌン族の画暦には、異なる季節の仕事と祭儀が記録されている。その中で最も有名な祭儀「射耳祭（malahodaigian）」は、毎年樹齢百年のアカギの前で行われ、勇士たちはここに集まる。部落の人々を生かす動物たちの献上に感謝すると同時に、文化と禁忌を子供達に伝承し、伝統を忘れずに、と彼らに言い聞かせる。これこそ、射耳祭の本当の意義である。

為我介紹部落的是位十分幽默的布農族人
部落案内を担当してくれたユーモアたっぷりのブヌン族

烏尼囊
ありがとう

「烏尼囊（uninang）」在布農族語中是「感謝」、「感恩」之意，也使用於打招呼的問候語。胡明智與王美華夫婦返鄉尋根，看到的卻是部落的凋零，於是成立「烏尼囊多元文化工作坊」，結合志同道合的族人共同經營。離鄉多年，歷程充滿感慨與感謝，因此取名「烏尼囊」提醒自己勿忘初心。工作坊推動文化小旅行，讓旅人可以學習山林獵人的知識，體驗採集、野炊，聽布農歌謠與故事，住在傳統的打鹿岸，藉由文化故事的傳述與體驗遊程，把永康部落的布農生活分享給大家。

「烏尼囊（uninang）」をブヌン族語では、感謝／感恩という意味。挨拶の言葉としても使用される。実話では、部落の胡明智と王美華夫婦は帰郷した際に、自分のルーツを探したが、部族の衰えを感じた。そこで「烏尼囊多元文化工房」を創立し、志と信念が一致する一族の人を結び付けて共に経営。長年故郷を離れていた過程には、感謝の心を抱いていたため、「烏尼囊」と名をつけ、初心を忘れないという願いが込められている。工房は小さな文化の旅を推進し、旅行者は山林の猟師の知識を学ぶことができる。採集や野外炊飯を体験し、ブヌン族の歌謡と物語を聞き、伝統な打鹿岸に泊まり、文化物語の言い伝えと旅の体感を通し、永康部族のブヌン生活を皆に分かち合っていく。

永康部落小旅行

1	獵人餐桌 狩人の食卓	登上永陵山，眺望花東縱谷美景，聽著布農家族故事，吃著布農傳統食材所烹煮的料理，自己圍著火爐像獵人一樣烤豬肉串，每道菜都是最家常、最動人的美味。
2	獸徑廊道導覽 獸の道探索	跟著族人走進獸徑廊道，沿途認識石板陷阱、獵物路徑，以及早期的染料薯榔，還有編織背籃的黃藤等。
3	祈福之音 パシププ	布農族傳統文化的祈福之音，只有勇士才能加入行列，模仿自然的聲音與律動，強調和諧共鳴，展現出布農族與大自然共榮相依的緊密精神。
4	報戰功 功績と手柄の報告	體驗布農傳統文化「報戰功」，是勇士狩獵後圍距一圈，以四個字的節拍，加上呼聲、語助詞，大聲呼喊出狩獵的英勇行為，強調「分享」、「不誇耀獵物」。
5	獵人體驗 狩人体験	獵人的技能除了獨步山林，擲矛與射箭是相當傳統的一項技術。到永康部落學做獵人，磨練獵人的敏銳感官與技術。

※ 備註 備考：
由於部落尚無外語導遊，本行程目前僅開放會說中文的旅客報名，有興趣的國外朋友需要與能協助翻譯的臺灣朋友一同參加。
当ガイドは外国語対応無、現在申し込みは中国語が話せる方だけ受け付けている。参加希望の方は、中国語可能な友人或いはガイドの同行が望ましい。

聯絡資訊：王朱孝賢 0988-815808

獸徑廊道導覽｜獣の道探索

祈福之音｜パシブブ

獵人體驗｜狩人体験

Kunuan
馬遠部落
花蓮縣萬榮鄉馬遠村

部落介紹

馬遠部落，位在花東縱谷北端的萬榮鄉內，是花蓮縣唯一的丹社群布農族。從丹大遷徙而來的馬遠人，好客愛分享。村落房舍與自然樹木、花草植物相融，無論是遷徙的歷史文化、豐富迷人的樂音，或與大自然緊密互動的盎然生氣，都深深刻畫在部落裡。

部落情報

台湾東部花蓮、花東縱谷北端に位置する万栄郷の中にある馬遠部族。花蓮県唯一の丹社群（Taka Vatan）ブヌン族：布農族である。南投県丹大地域から遷移してきた馬遠人は、社交的で共に分かち合うことを好むことで知られる。村の部屋は自然の木、草花の植物と相容れ、遷移してきた歴史文化や豊かで素敵な音楽がある。大自然と緊密であり、部族の中に深く繋があることが伺える。

布料厚實的布農族手工編織服裝｜布の生地が厚めのブヌン族の手編みの衣装

在巨大圓形的岩石上生長著宏偉的大樹 | 大きな丸い岩石の上に立派な樹が生える

杵音
きねのね

「杵音」是馬遠部落著名特色，從前布農人於小米收成時，輪流換工到各家，長短不同的木杵搗米發出音律各異的聲響，成為愉悅的豐收之音。隨杵音響起，大家引吭高歌，就像回到森林裡深刻而原始的呼聲。來到馬遠部落，除了欣賞杵音，更有一群可愛的叔伯阿姨，害羞溫柔但幽默風趣，本著布農人引以為傲的分享精神，跟大家述說布農文化以及和大自然共榮共存的生活哲學。

「杵音」は馬遠部族の有名な特色。古くからブヌン人は栗の収穫時、順番に各家まで労働力を融通し合い、長さの異なる杵で米搗きしてそれぞれ異なる音律を出す。豊作の喜びの音である。杵音に従い、皆は声を高らかに発し、まるで森林の中で深い原始的な音を耳にしている感覚を生む。杵音鑑賞以外では、かわいいおじさんとおばさんたちがおり、恥ずかしがりで優しくて面白くてユーモア満載。布農族人の個性や温かみを感じるはずだ。分かち合う精神に基づき、皆にブヌン文化や大自然と共榮共存する生活の哲学を伝えている。

馬遠部落小旅行

1 森林餐桌
森の食卓

在巨榕祕境下細細品嚐，大地恩賜的美好滋味，更能隨著杵音歌謠的節奏體驗搗麻糬，為餐桌留下甜美句點。

2 杵音文化體驗
きねのね文化体験

跟著布農朋友拿起木杵，感受長短不同的木杵敲擊出高高低低的聲響，學習傳統歌謠，一起為小米豐收的喜悅搖擺歌唱。

3 傳統射箭
伝統射的

拿起弓箭，體驗當個布農勇士！學習傳統射箭，對準標靶拉弓打山豬，藉由傳統射箭的活動，講述布農族重要的祭儀「射耳祭」的文化意涵。

4 阿凡達祕境
アバターの秘境

媲美電影《阿凡達》的魔幻景色，盤根錯節的巨榕生長在此已不知多少年，而另一處，沁涼溪水閃耀著藍綠色寶石般的光芒，是在地人盛夏之際避暑的好去處。

5 部落故事
部落の物語

獵學唱布農族的傳統兒歌，在國小出祕密任務！講述布農生活重要依據的畫曆，從一年之初到結束，進行哪些農作、祭儀。

6 竹筒飯製作體驗
竹筒飯づくり体験

竹筒飯可說是布農族代表性料理，在部落族人帶領下，學習竹材的處理、填裝糯米飯，等待蒸熟之後享用香噴噴的竹筒飯。

※ 備註 備考：
由於部落尚無外語導遊，本行程目前僅開放會說中文的旅客報名，有興趣的國外朋友需要與能協助翻譯的臺灣朋友一同參加。
当ガイドは外国語対応無、現在申し込みは中国語が話せる方だけ受け付けている。参加希望の方は、中国語可能な友人或いはガイドの同行が望ましい。

聯絡資訊：江阿光 0928-868271

杵音文化體驗｜きねのね文化体験

阿凡達祕境｜アバターの秘境

竹筒飯製作體驗｜竹筒飯づくり体験

阿美族｜アミ族

Tafalong
太巴塱部落
花蓮縣光復鄉北富村

在部落裡到處奔跑的小朋友們｜部落を駆け回る子供たち

部落介紹

在花蓮縣光復鄉的太巴塱部落，是阿美族文化重要的孵育地之一。在馬太鞍溪與光復溪交會口南邊的大片平原上，族人復育與種植紅糯米。這閃耀著光芒的紅色寶石，是蘊含部落傳統文化的重要作物。除了紅糯米之外，部落有著多樣而豐富的物產。水稻、金針、箭竹、黃藤心、黑糯米等等，加上鄰近的光復市場，可謂是花東最具原住民特色的野菜聚集地，各式寶藏挖不完。在太巴塱部落裡到處可見擁有悠久歷史的阿美陶器、木雕品、竹子工藝品、手工織布及傳統手工藝品等。

部落情報

台湾東部花蓮、光復郷にある太巴塱部族は、阿美族の文化が花開いた一つの重要な場所である。馬太鞍川が光復川と交わる南側、大きな平原の上で、部族の人たちは赤もち米を復元、栽培。赤もち米は赤宝石のように部族の伝統文化の重要な作物である。赤もち米以外では、部落に多様な資源がある。水稲、ゼンテイカ、篠竹、黄藤の柔らかい茎、黒もち米も豊富。その上、隣接する光復市場と共に、東台湾に最も原住民的な特色備える野菜の宝庫と言われている。太巴塱部族には悠久の歴史を持つ阿美陶器、木彫り、竹細工、手織りの布、伝統の手工芸品など、多くの場所で見ることができる。

小林日記

日本音樂學者－黑澤隆朝
日本人音楽学者－黒澤隆朝

我從太巴塱部落 Tafalong 的原住民那聽到了各式各樣的傳說，其中從部落原住民口中聽到的一位名叫黑澤隆朝（1895~1987）的日本人讓我留下深刻的印象，因此搜尋了一下這位日本人的資料。

黑澤隆朝將阿美族的始祖傳說事蹟記錄如下：
「在太古時代，由於在南方的冉而山大陸上發生了自然災變，大陸因此沉入了水中。當時，有對男女乘坐著大木臼，好不容易才逃了出來，順著海流往北漂移，最後到達了臺灣。兩人便在當地一起生活後結婚，繁衍子孫。之後，便以『我們是朝北而來』的說法中，將代表北方之意的『Ami』作爲了民族名。」

其他說法如下：
冉而山大陸並非兩人曾生活過的土地名稱，而是漂流至臺灣後，最初抵達的山岳名稱。而那座山被認爲是現在從花蓮的鳳林車站往東南方就能望見，外觀類似富士山的八里灣山。

太巴塱部落 Tafalong の人たちに様々な言い伝えを聞いた。日本統治時代に起きた出来事や物語は。部落の人に聞いた日本人が印象に残り、調べた。

黒澤隆朝は、阿美族の始祖伝説として以下の記録を残した。

「太古、南方にあったラガサンという大陸が天変地異により水中に沈んだ。その時、臼に乗り、辛くも逃れた男女が海流に乗り北上し、台湾に辿りついた。二人はその地に暮らし結婚、子孫繁栄を叶えた。その後、『我々は北に来た』ことから、北を意味する"アミ"を民族名にした。」

他説は以下の通り：
ラガサンは二人が暮らしていた土地名ではなく、台湾に漂着した時、最初に辿りついた山名。その山は現在、花蓮の鳳林駅から東南に望まれる富士山に似た八里湾山を指す。

太巴塱部落小旅行

1 **紅糯米餐桌**
赤もち米の食卓

圍著三角爐灶，在稻田間望山而坐，如同部落家家戶戶相聚談笑的情景。品嘗著飄香的傳統糯米飯，酒糟香蘭燻雞，還有野菜烹製而成的特色料理。

2 **文化導覽**
文化鑑賞

跟隨著部落族人走訪 kakitaan 祖屋，了解昔日的信仰中心，以及傳統祭儀、社會結構，對太巴塱部落深入認識。

3 **野菜市集尋寶**
野菜市場探索

都說阿美族是吃草的民族，看似尋常的野菜，可是有大大學問。跟著內行人逛市場，探訪太巴塱部落族人熟門熟路的食材採購處，一起採買當季食材、聽野菜介紹。

4 **傳統歌謠搗麻糬**
伝統歌謡：餅つき

阿美族的麻糬，稱作「toron」，是在重要節慶時刻，才會製作品嘗的珍貴食物。隨著傳統歌謠的傳唱，讓身體跟著韻律，用杵臼槌打麻糬，一起品嘗這得來不易的美食。

5 **阿美族藝教室**
阿美族の美術教室

紅糯米是太巴塱部落傳統農作物，跟著族人用傳統的烹調方式製作紅糯米捏捏飯，帶你品米，再教你創新的吃法將酒糟加入辣椒，層層疊疊，製作香味十足的紅糯米酒釀辣椒，讓你邊吃邊玩，邊煮邊吃。

※ 備註 備考：
由於部落尚無外語導遊，本行程目前僅開放會說中文的旅客報名，有興趣的國外朋友需要與能協助翻譯的臺灣朋友一同參加。
当ガイドは外国語対応無、現在申し込みは中国語が話せる方だけ受け付けている。参加希望の方は、中国語可能な友人或いはガイドの同行が望ましい。

聯絡資訊：劉燕玲 03-8703419

紅糯米餐桌｜赤もち米の食卓

文化導覽｜文化鑑賞

阿美族藝教室｜阿美族の美術教室

阿美族

Cilamitay
吉拉米代部落
花蓮縣富里鄉豐南村

部落介紹

吉拉米代部落（Cilamitay，阿美族語中大樹根之意），有阿美、布農、閩南、客家等族群居住。在丘陵地上的梯田，生產出豐盛糧食。其北邊的石厝溝溪有著清澈水流，過去隨處可見臺東間爬岩鰍與日本禿頭鯊，因其在阿美語皆稱「Hara」，族人便將此區域稱爲吉哈拉艾（Ciharaay）。部落族人凝聚力量，將已經廢校的永豐國小四維分校重新打造爲「一起哈拉基地」，進行文化傳承、部落產物行銷推廣、推動產地餐桌，與更多人分享部落的文化生活。

部落情報

吉拉米代部族（Cilamitay：阿美族語では大きな樹根という意味）には、阿美族、布農族、閩南族、客家族などの民族が居住している。丘陵地の畑で豊富な食糧を栽培、生産。このエリアの北部、石厝溝川では澄み切るほど透明感ある水があり、鰍やボウズハゼが以前よく見られた。それらをアミ語で「Hara」と言うため、一族の人はこの部族を吉哈拉艾（Ciharaay）と呼んでいる。部落の人々は力を凝集し、既に廃校になった永豐国民小学校の四維分校を改装し「一起哈拉基地」として再校させた。そこでは文化伝承、部族の産物における販売促進、産地食卓の推進を展開。さらに多くの人々と部族の文化と生活を分かち合っている。

在大自然環境下栽培稻米的梯田\大自然の環境で稲を育む段々の田んぼ

閃耀的稻田
輝く稲田

在花蓮縣富里鄉的豐南村，2012年起登錄為「吉哈拉艾文化景觀區」，超過千公頃的水圳、梯田、次生林、果園、池塘、聚落，以及河川山林，形成難得一見的完整文化生態景觀，包含吉拉米代部落與吉哈拉艾聚落，都涵蓋在其中。實際走在水圳上的話，就能漫步在清澈流水旁（必須要有嚮導）。但道路非常狹窄，是條危險的通路。這條重要道路所運送至部落中的水，在生態系環境上也扮演著重要的角色。

台湾東部花蓮、富里鄉にある豐南村は、2012年から「吉哈拉艾文化景観区」に登録された。数千ヘクタールの用水路、段々畑、二次林、果樹園、池、集落、及び河川、山林をはじめ、滅多に目にかかれない完全な文化生態景観がある。吉拉米代部族と吉哈拉艾部族も、その中に含まれる。実際に用水路を歩くと、透き通った水の横を歩くことができる。（ガイド必須）道はとても狭く、危険な道であった。部落まで大切な道を運ぶ水は、生態系の環境にも大切な役割を果たしている。

吉拉米代小旅行

1 哈拉梯田餐桌
哈拉段々畑の食卓

最靠近天空的百年梯田，在幽靜山中享用哈拉米的原味，體驗傳統阿美族以捏捏飯的吃法，深刻感受粒粒白米的得來不易。無論是眺望層疊的稻田，或望向吉拉米代部落，都十分愜意。

2 水圳導覽
用水路探索

石厝溝溪是吉哈拉艾唯一的水源，為了灌溉，祖先們沿著險峻的地勢開鑿水圳，先用十字鎬敲打岩壁做出溝渠，部分地段沒有容身之處，就需以黃藤綁住身體，如猴子般攀爬，在垂吊中進行開鑿，也因此被稱為「猴子工法」。來當巡水員維護百年水圳，掃除落葉、清除淤積物，肩負灌溉水源的重責大任。

3 部落導覽
部落鑑賞

擁有豐富地貌的吉拉米代部落，陡峭岩壁與幽深溪谷，素有「小天祥」之稱。聽部落族人分享故事，一起重整閒置空間的「一起哈拉基地」，將廢校變身為文化傳承基地。

4 阿美族撒網體驗
阿美族の投げ網体験

鄰近溪流的部落族人們，也發展出各式各樣的捕魚方法，撒八卦網、使用三角網，或是以山棕拍打水面、串接鐵罐製造聲響從上游趕魚，你親自來試驗。

5 天空梯田
天空の段々畑

在最靠近天空的絕美梯田，是部落與自然共生的痕跡，在此種植的哈拉米，除了通過有機驗證，更獲得綠色保育標章。在這裡感受梯田之美與生態的脈動，享用以哈拉米製作的特色下午茶吧！

※ 備註 備考：
由於部落尚無外語導遊，本行程目前僅開放會說中文的旅客報名，有興趣的國外朋友需要與能協助翻譯的臺灣朋友一同參加。
当ガイドは外国語対応無、現在申し込みは中国語が話せる方だけ受け付けている。参加希望の方は、中国語可能な友人或いはガイドの同行が望ましい。

　　　　　　　　　　　　　　　　　　　　　　聯絡資訊・陳月珍 03-883-1768

哈拉梯田餐桌 | 哈拉段々畑の食卓

水圳導覽 | 用水路探索

阿美族撒網體驗 | 阿美族の投げ網体験

阿美族

Ca'wi

静浦部落

花蓮縣豐濱鄉靜浦

部落介紹

靜浦是花蓮縣豐濱鄉最南端的一個小村落，有北回歸線通過的地方。在秀姑巒溪的出海口旁，有著令人魂牽夢縈的日升與日落美景。靜浦部落，阿美族語稱作 Cawi，意指山坳裡的平地，在這裡，傳統文化仍然承襲著。阿美族的採集文化，深刻影響著他們的生活與飲食。倚秀姑巒溪、太平洋與海岸山脈而生，面對著大海的廣闊出海口，與大山大海一同生活。靜浦部落的族人，就在祖先傳習下的生活方式中，與自然萬物互相依存，而又緊密互動。

附近部落與外地的人，也會聚集在靜浦這個獨特的出海口地形，用三角網捕撈漁獲。夜晚到日出，持三角網的人戴著頭燈，原本辛苦的工作，在視覺上卻彷彿閃耀著美學的光芒；有時可多達上百人。他們是「網友」，非常有趣；而這一片景觀有如「夜市」，絕對是都市無法見到的人文之美。

部落情報

台湾東部、花蓮県豊濱郷の最南端にある一つの小さな村、静浦。ここには、秀姑巒渓河口付近に美しい日出と日没の景色がある。静浦部落、阿美族語では Cawi と言い、山に囲まれた谷あいにある平地という意味。アミ族の採集文化が彼らの生活と飲食に深く影響を与えている。海岸山脈も同時に寄り添う。東南部を流れる河川、秀姑巒渓と太平洋も近隣の存在だ。海の広大な河口もあり、大山大海と一緒に暮らしている。静浦部落の一族は、先祖から伝習してきた伝統文化及び、生活様式を保ち、自然万物とお互いに信頼し合う。

周辺部落の人たちでも、この独特な河口地形にある静浦に集まり、三角網で漁獲をすることがある。夜から日出まで、三角網を持つ人がヘッドライトを装着し、狩りの姿もまた美しい景観の一つ。人数は、時に百人以上にものぼり、彼らは「ネット（網）の友」であると言う。そして、この一面の風景は都会では見えない人文の美しさである。

撒網體驗｜投げ網体験

小林日記
———

東海岸的土地
東海岸の土地

來到靜浦部落，一定要參與部落原汁原味的小旅行，深入土地感受自然與人情之暖。來自部落生活的點滴，在秀姑巒溪體驗膠筏、撒八卦網，在岸邊追逐浪花蟹，學習射箭，讓我們一起敞開心胸，在東海岸的土地上暢遊。

静浦部落に来た際は、必ず部落と人たちと交流、体感できる旅の参加をおすすめする。当地に深く入り、会話しながら（日本語不可だが、パッション溢れる原住民のコミュニケーション力で問題ないはず。会話できても会話の大半は愉快な冗談。）、自然と人情の暖かさを味わえる。部落の生活に関すること、河川の秀姑巒渓で簡易的なゴムボートを乗り、八卦網を散らし、岸辺でカニを追いかけ、射術を習う。あなたはこの地に心を開き、東海岸の空気を心ゆくまで満喫できるはず。

靜浦部落小旅行

1 划膠筏體驗
ボード漕ぎ体験

在秀姑巒溪上一面體驗划膠筏的樂趣，一面欣賞沿途景色：優雅的長虹橋，背後層山疊翠，旁有幽靜的奚卜蘭島，前方是寬闊的太平洋。山、海、溪、島交織，伴著微風吹拂，黃昏時刻，還能望見純白的鷺鷥群飛過。

2 撒網體驗
投げ網体験

俐落的收繩索、披掛外網、分開內網，抓好八卦網利用身體擺動用力將網撒出去。流暢的動作，可不是每個人都有辦法。靜浦的捕魚生活，八卦網是重要的一環，一起體驗漁民生活！

3 認識浪花蟹
浪花蟹を知る

俗稱「倒退嚕」的浪花蟹，在哪裡找得到？跟著部落朋友一起到海邊吧，浪花蟹就躲在海浪上岸之際，細心分辨，就可以找到牠們的蹤跡。

4 射箭體驗
射的体験

嚮往傳說中的神射手嗎？到靜浦，放手一搏。拿起傳統弓箭，從上弓弦開始學習，對準標靶，測試看看自己有沒有當獵人的潛力。

5 在潮間帶自炊體驗
潮間の海辺にて
自炊体験

來到海邊的潮間帶，跟著部落人尋找海邊食材，一起學習阿美族的飲食文化及生活智慧。在就地取材的原則下，用既注重新鮮原味又自由揮灑的料理方式。品嚐海菜、螃蟹、野炊石頭火鍋，這些經典料理，一嚐部落原味。

※ **備註 備考：**

由於部落尚無外語導遊，本行程目前僅開放會說中文的旅客報名，有興趣的國外朋友需要與能協助翻譯的臺灣朋友一同參加。

当ガイドは外国語対応無、現在申し込みは中国語が話せる方だけ受け付けている。参加希望の方は、中国語可能な友人或いはガイドの同行が望ましい。

聯絡資訊：何俊雄 03-8781697

在潮間帶間找尋食材 | 潮間の海辺にて食材探し

貝、魚、蟹等的食材全部都是現場供應。將炙熱的石頭加入，使其沸騰變成火鍋就完成了
貝、魚、蟹などの食材は全て現地調達。炙った石を入れて沸騰させ鍋にして完成

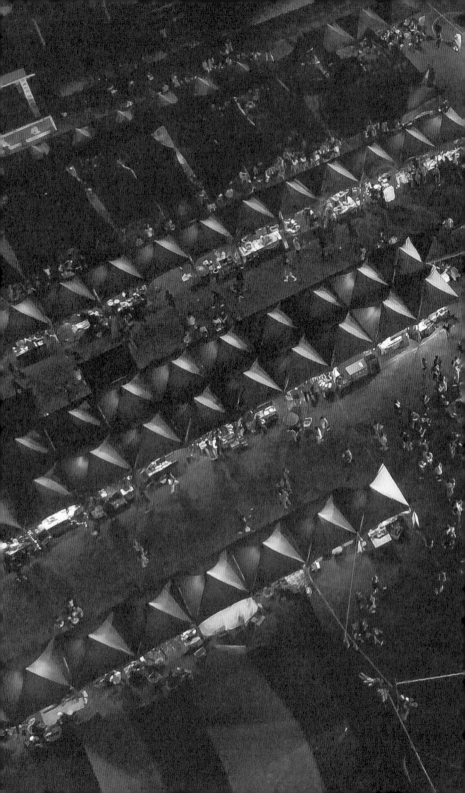

活動

Amis
Music Festival
阿米斯音樂節
アミスミュージックフェスティバル

活動內容

由 Suming 舒米恩和都蘭部落族人在 2013 年
於臺東都蘭部落創辦的《阿米斯音樂節》，
遵循部落老人家的囑咐——「土地跟人一樣，
是需要休息的。」連辦兩年、休耕一年，即
將在 2019 年 11 月邁入第五屆。

隨著這幾年的發展，《阿米斯音樂節》已成
爲臺灣標誌性以原住民文化主體而生的特色
音樂節，內容從傳統祭儀、樂舞、歌謠，到
流行音樂、舞蹈、戲劇、餐飲、傳統工藝、
影像、議題論壇、互動交流等形式，展現文
化在當代發展的多元面貌，是一個絕佳的文
化實踐與創新之平臺！

過去更廣邀臺灣各地包括阿美、卑南、魯凱、
排灣、布農、鄒族、泰雅、西拉雅等族群部
落，甚至邀集澳洲、日本、菲律賓、摩洛哥、
新喀里多尼亞及大溪地等國外單位，來都蘭
部落一起共襄盛舉。在這裡蓄積了在地所有
美好，透過各種文化藝術形式，分享給世界
各地的朋友們，也使得都蘭阿美族文化、各
地原住民文化有更完整的平臺，藉以實現文
化展演、傳承復振、族群參與、部落交流等。

阿米斯音樂節走出臺灣成為東南亞最具代表
性音樂活動的日子也不遠了。

活動内容

2013 年、主催者 Suming・Rupi：スミンが都蘭部落
の人々と共に台東の部落で開幕させた、アミスミ
ュージックフェスティバル。2019 年 11 月、遂に第
5 回目を迎えることになった。「土地は人間と同様
に、休むことが必要である。」という部落の長老た
ちによる助言に従い、2 年に 1 度は休む年を設け
ている。

近年の発展とともに、アミスミュージックフェス
ティバルは台湾の代表的な原住民文化が主とする
音楽イベントとして周知されている。内容は部落
毎の伝統行事を始め、神楽、音楽、ポップ・ミュ
ージック、ダンス、演劇、伝統工芸、映像、トー
クイベントなど交流イベントが目白押し。現代の
社会で多様に発展している姿と伝統文化を融合。
文化の継承、再発見を生む場して認知される。原
住民に興味ある方は必須のイベントだ！

過去の開催にて、台湾各地から、アミ族、プユマ
族、ルカイ族、パイワン族、ブヌン族、ツォウ族、
タイヤル族、シラヤ族などの部落及び、世界から
はオーストラリア、日本、フィリピン、モロッコ、
ニューカレドニア、タヒチ島などの人々を招いた。
そして、世界の人々と共に都蘭部落でアミスミュ
ージックフェスティバルを盛大に盛り上げ、喝采
を浴びている。現地の宝である文化を収集し、異
なる形で世界各地へ発信すると共に、都蘭のアミ
族文化及び各地の原住民文化を共有、発信する場
を作る。そして、文化の展示発表や伝授、各部落
のイベント参加や交流を促し、実現することがテ
ーマである。台湾を越えて、東南アジアを代表す
る原住民の祭典になる日も遠くない。

即使天色漸暗也依然跳著舞的阿美族的姿態｜暗くなっても舞い踊るアミ族の姿

代表介紹

Suming 舒米恩，來自臺東都蘭的阿美族創作型歌手，曾獲無數臺灣具代表性獎項，如金曲獎、金馬獎、金音獎及總統文化獎等，凸顯了 Suming 在音樂、影視和藝文領域上的才能備受肯定，更回到自己的家鄉，藉由影響力與族人創辦《阿米斯音樂節》，致力將阿美族、臺灣原住民文化推廣到世界各地。

主催者紹介

Suming・Rupi：スミンは台湾台東の都蘭部落出身、阿美族の創作アーティスト。台湾音楽界にて名誉ある「金馬賞」・「金曲賞」・「金音賞」・「総統文化賞」など、数多くの受賞歴を持つ。また、その類稀なる才能は、テレビ業界や音楽業界、芸術文化の分野においても、高い評価を受けている。

自分の生まれ故郷である台東でアミス音楽イベントを通し、自分の世界観と阿美族を初めとする台湾の原住民文化を世界へ発信している。

※ 活動地點 過去開催地
2013、2014、2016、2017 年 臺東都蘭國中、2019 年 臺東都蘭鼻（都蘭部落傳統領域）
2013、2014、2016、2017 年 台東都蘭中学校、2019 年開催地：台東都蘭鼻（都蘭部落の伝統区域）

餐廳與甜點

這個到底是什麼？
這裡我不想讓其他人知道。
好漂亮哦！

判斷基準是緣分、直覺、色彩，
自由奔放的，好吃特輯。

美食的寶島，臺灣

レストラン&スイーツ

これなんだろう？
知られたくないお店。
きれいだ！

判断基準は、ご縁、直感、色彩。
自由気ままな、好吃特集。

美食の宝島、台湾

餐廳

之間 茶食器

飲品推薦

臺灣茶
日本老舖茶
歐美選茶
淡水媽媽熬煮的金棗茶

甜點推薦

荷蘭鬆餅
自家製蛋糕

餐食推薦

三芝南瓜
淡水鐵蛋披薩
關渡金沙鹹蛋義大利麵

小林 memo

在茶空間內有提供義大利料理!? 除了店主親手打造充滿奢華感的店內設計之外，從使用淡水的名產食材所做的披薩，到由專業茶人提供的臺灣茶等，都十分出眾。這裡是我每次造訪淡水之際必訪的店家！

昔日的淡水周圍山陵上曾經遍植茶樹，是臺灣茶出口最多的港口。在不同時期住著漢人、歐洲人和日本人，留下了許多美好的文化與古蹟。「茶」一字，是「人」存在「草」與「木」之間。位於淡水老街的這間特色人文茶店，店主為了詮釋人與自然、土地的生活風格的概念，便以茶為主題，並結合工藝家的手作器物，將季節、人文與土地，帶入食物與體驗裡，用豐厚的記憶訴說故事。店內還會不定時推出體驗活動和工藝展覽。

昔の淡水近郊の山には、茶の木が多く植えれ、台湾で最もお茶の輸出する港で知られていた。歴史の中、漢人、欧州人、日本人が住んでいたため、多種多様の文化と史跡が残されている。茶という漢字は草冠と人と木を挟む。淡水老街にあるこのお茶屋さんは人、自然と土地を調和するライフスタイルを表すために、お茶がテーマ。職人が作った器に合わせ、季節、人と土地を表現する。店内にて不定期に体験イベントと展示を開催。

地址：新北市淡水區中正路 330 號 ｜ 電話：02-26297709 ｜ 時間：11:30~21:30 ｜ 公休：每週二

TOWN by Bryan Nagao

TOWN 是由來自夏威夷的日籍主廚 Bryan Nagano 所經營。主廚長年旅居世界各地，善於廣泛使用當地食材，並與義、法、美、日等國家的料理特色作融合，創作出新奇的新菜色。主廚喜歡與夏威夷同為海島國家的臺灣，同時也熱愛臺灣的在地料理。藉由他創意的手法融合了臺灣在地食材，期望能帶給臺灣的饕客全新的美食體驗。

ハワイより参上、日本籍シェフ Bryan Nagano が経営するフュージョンレストラン。世界各地を長年旅した経験を生かす料理の盛り付けはどれも芸術級。当地の新鮮食材を使い、イタリア、フランス、アメリカ、日本などの料理を融合し、斬新なメニューを創り出す。シェフはハワイと同じ島国の台湾が好き。そして、台湾料理も好き。クリエティブな技術と食材と融合し、台湾の美食家に斬新な食体験を提供している。誕生日のお祝いから、プロポーズまで、特別な日はここ。オープンキッチンの内装も注目！

地址：臺北市中正區信義路二段 171 號 3 樓
電話：02-23419777
時間：18:00~22:00
公休：每週一

商品說明

前菜 Carpaccio，使用來自於宜蘭的國產鮮魚，並添加柚子醬和義大利產魚子醬。主菜的食材則是大量使用來自於日本宮崎 A5 等級的和牛，淋上主廚特製醬汁，入口即化。

小林 memo

舉凡生日等紀念日，甚至是求婚等慶祝活動，都很適合在這裡舉辦，不論是心情還是肚子都能大滿足！這裡提供的多國籍料理全餐，大量使用了新鮮食材，是我最推薦的店家！開放式廚房的設計，以及店內充滿高級感的氣氛，務必請和關係親密的人一起造訪看看！

冷泉油雞

店內招牌菜之一，雞腿去骨後反覆汆燙與冰鎮的工法，搭配特製客家桔醬，肉質鮮嫩雞皮爽脆，口感冰涼油亮而不膩。

晉江茶堂

「晉江茶堂」位在捷運古亭站旁巷弄內，一間具有濃厚樸實客家風格的百年古厝裡。菜單的菜色豐富，有多道傳統美味的道地客家料理。在隱藏於臺北市內的古宅餐廳內用餐，料理簡單不貴分量剛好，多了一種回家的氛圍，溫暖了許多人的心和胃。

「晉江茶堂」は、MRT 古亭駅の裏路地、古い建物の中にある。素朴な客家風格を持つ百年の地だ。豊かなメニューで様々な本場の客家料理を提供。台北市内の隠れた古民家レストランを、シンプルで安くてちょうどいいボリュームに。家に帰ったような雰囲気が人々の心と胃を温めている。食後の擂茶は必須。

小林 memo

這家店的客家料理是公認符合日本人口味的，非常推薦！天花板掛著客家的傳統花布，牆壁貼著許多曾被媒體採訪的報導記事。餐後必點的擂茶，是一款將豆類、芝麻、綠茶菜葉等 20 多種穀類研磨混合後，再沖上烏龍熱茶而製成，是香氣濃郁的獨特飲品。

地址：臺北市中正區晉江街 1 號 ｜ 電話：02-83691785 ｜ 時間：11:00~14:30 / 16:30~21:00 ｜ 公休：週日不定休

地址：臺北市信義區光復南路 473 巷 11 弄 38 號
電話：02-27585987
時間：12:00~00:00（17:00~18:00 休息）
公休：每月的第一個週一

餐廳

Gumgum Beer & Wings
雞翅啤酒吧

Gumgum 代表著無拘無束、自在灑脫的生活態度，就像招牌的圖案，小童叼著一根菸小解的那瞬間，希望大家能找回自己最放鬆的那一刻並且享受它！店內提供的餐點無國界文化的區隔，將臺灣雞翅融合了不同的原料，變化出 13 種獨門雞翅料理，還有多款嚴選的臺灣精釀啤酒，以及其他餐點與酒水可作選擇。

親友五人が開店させた夢の Gumgum、自由な空気を提供する代表のあつい想いが見て取れる。看板にあるロゴの子供の意味は、おしっこした瞬間が一番リラックスできる瞬間という意味だ。そして、愉快にがコンセプト。提供する料理は色々な国の特色を融合。13 種類独自の手羽先料理も提供している。そして、台湾クラフトビールを厳選し、数あるメニューと一緒に選ぶことができる。ここの創作料理はどれも間違いなし。

Girls beer cocktail 女孩系列啤酒調酒

是 Gumgum Beer & Wings 與 Shotia-Shots & Champagne 酒吧聯名推出的女孩系列啤酒調酒，以店內最引以為傲的啤酒作為基底，再加入酸甜滋味各異其趣的水果，搭配浮誇發光華麗的煙霧，酸甜的口感，彷彿回到青春時刻。

小林 memo

這間餐廳當初是由五位親友因為夢想而一起合開，現在已是必須事先訂位的人氣店家！主廚是長年投身於料理界的客家人，還有臺南出身的型男店主，外表看起來雖然有點難以親近，但其實是位內心充滿熱情的人。不論是料理的美味、臺灣國產在地啤酒及其他酒的風味、店內裝潢、靠近臺北 101 的地點等，全部都令人滿足，是現在備受矚目的店家！

I HA LA
愛哈拉酒食屋

「愛哈拉」就像城市裡的一個小部落。是由魯凱族及泰雅族兩名年輕的大男孩所經營，用最原始、最道地的烹飪方式，使用部落的在地食材，讓離鄉背井的朋友像回到家，能像在部落一樣圍在一起，一邊唱著歌一邊吃著家鄉菜，也回想起家鄉。

「愛哈拉」はまるで都市にある小さな原住民の部落。ルカイ族とタイヤル族の二人の青年が経営する原住民のライブ居酒屋。もっともオリジナルで、本来の調理方法を駆使した部落のご当地素材と料理が味わえる。故郷を離れて暮らすお客様は、まるで家に帰ったような感覚に。食卓を囲み、彼らの歌を聞き、故郷を思い浮かべる。カタツムリや、原住民の部落でしか食べたこと無かった料理が、こんなに身近で食べれることに感動したのもつかの間、本格的な料理の数々と本物の原住民のライブを台北で聞くことができ、推薦せざるを得ない店舗に。

火爆慢郎中（炒蝸牛）

使用來自東海岸的蝸牛，不是一年四季都吃得到。這是一道口感非常有彈性的下酒菜，搭配九層塔和辣椒的香氣，適合喝一大口酒再配一口蝸牛，堪稱部落裡的米其林料理。

小林 memo

居然在臺北市內每天有原住民的 LIVE 駐唱表演?! 由宜蘭泰雅族和屏東魯凱族的兩位型男店主，每天都會在店內，現場帶給你多道的當地美味與原住民道地的美聲。店內的蝸牛和其他原本只有在部落才吃得到的料理，現在在臺北就能吃到，讓我瞬間感動。這裡是有著很多再訪客的推薦店家。再加上店內的原住民風裝潢設計，洋溢著讓人歡欣雀躍的氛圍！

地址：臺北市松山區市民大道五段 1 號 1 樓 | 電話：02-27560330 | 時間：19:00~01:00 | 公休：不定時，會在粉絲專頁公布

宵夜煎餃

店家位在臺中市工學市場附近,是由親切的老闆和老闆娘兩人一起經營的深夜食堂,由兩個小攤車組成,也只賣著老闆們親手製作的煎餃、湯品等簡單產品,有著濃厚日式風情的攤位。讓平常只有鹽酥雞和便利商店的消夜族們,多了另外一個美味的選擇。

台中工学市場の近く、親切な店長と奥さん二人で経営する深夜食堂は小さな屋臺車。メニューも夫婦自ら作る焼き餃子やスープなどシンプルなものだけを提供。昔ながらの日本らしい雰囲気が漂う屋台は夜食を食べる人にとって台湾式唐揚げとコンビニ以外にもう一つの選択肢になる。私の餃子史上 No.1。

燒き餃子

包著高麗菜肉餡,邊緣殘留著圓圓脆脆的麵衣,餃子皮口感略帶 Q 度,清爽不油膩,內餡鮮味多汁,不用沾醬直接吃就很美味。

小林 memo

我大推薦的臺灣第一絕品煎餃!在大約只有一般常見攤販的 1/3 大小的料理臺上,使用了 4、5 個鐵盤同時煎烤。水餃的外皮酥酥脆脆,加上內餡的飽滿肉汁,令我感動不已。雖然深夜才開始營業,但商品一旦售完,抱歉明天請早!在被觀光雜誌報導刊登前,趕快衝吧GO!

地址:臺中市南區工學路 169 號 | 電話:0932-068488 | 時間:20:30~01:00(售完會提早結束)| 公休:每週三及週日

餐廳

新太平洋1號店

位於花蓮豐濱鄉長虹橋畔的「新太平洋1號店」，特徵是聚集有許多對臺灣原住民非常了解的成員們，是一個結合遊客中心與花東原住民工藝、音樂、書籍及餐飲的複合式據點。旅人們在這裡不只可以得到旅遊資訊，還能找到各種原住民工藝品、文創產品及唱片等。其實在正旁邊就有阿美族的部落，有很多機會能和來店內遊玩的原住民們聊天。1號店也常跟部落夥伴一起做有趣又有意義的企劃、活動。旅人們除了可以從1號店編輯的線上刊物《新太平洋生活誌》，認識在地的風土人情，也可以透過參與1號店所舉辦的市集、展覽及小旅行等各項活動，更深入地了解花東部落的特色與文化。除此之外，1號店也在長期對外招募志工到部落淨灘，想要讓旅行更有意義的朋友也可洽詢1號店了解更多詳情喔！

地址：花蓮縣豐濱鄉靜浦村靜浦 8-1 號 | 電話：03-8781218 | 時間：08:30~17:00 | 公休日：除夕店休

店内商品以原住民為主題，不只展售花東地區部落工藝師的創作如皮雕、皮編飾品、植物果實雕刻、月桃編織品、檳榔主題文創商品、音樂唱片，也能吃到特色在地美食，如：月桃茶葉蛋、刺蔥乾拌麵，以及手工野菜麵包等。

小林 memo

新太平洋1號店位於臺灣東部，約略正好在花蓮和臺東的中間，就在鮮紅色長虹橋的旁邊。店內有原住民特色物產展，並有提供使用當地原住民食材的料理，還有舉辦觀光諮詢導覽等服務，為來東部觀光的旅客們提供了一個必要的休憩場所。這裡的料理不僅外觀精美可口、對身體有益，而且色彩豐富又新穎，享用餐點的同時身心都會被療癒。店長是名很有精神的馬來西亞人，和其他一群令人心情愉悅的工作人員們一起共同經營著這家店，這裡是我個人非常喜歡的地方。

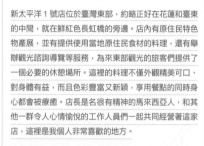

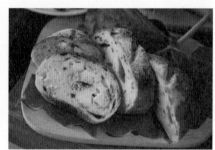

花蓮県豊濱郷長虹橋の側にある「新太平洋1号店」は日本人観光客には必須の観光案内所！更に、特徴として、台湾の原住民に詳しいメンツが集結しているのも嬉しいポイント。東台湾の原住民の手作り工芸、音楽、本及び飲食などを掛け合わせたコラボ店舗。旅行者はここで旅行情報がもらえるだけではなく、色々な原住民の工芸品、クリエイティブ産品及びディスクが見つかる。実は真横には、阿美族の部落があり、遊びに来る部落のひとと話す機会もたくさんだ。ここも常に部族のひと

と一緒に面白くて有意義な企画やイベントを行っている。旅行者は店が編集する本《新太平洋生活誌》を片手に、当地の風土と人情を知ることができる。更に店が行う市場、展示会及び小さな旅などの様々なイベントを通じ、もっと東台湾にある部族の特色と文化が深く理解できる。この他、店でも長期の部族ビーチクリーン活動のボランティアを募集している。もし旅にもっと有意義なこと求めるなら、新太平洋1号店まで！

陶甕百合春天

陶甕百合餐廳的店長陳耀忠先生，是花蓮港口部落的阿美族人，對於阿美族傳統飲食文化涉略深廣，行腳到各族群部落交流飲食心得，更曾主持過人文紀實節目，並榮獲金鐘獎殊榮，因此有了阿美廚神、阿美族料理的移動式百科全書等稱號。

店內主打以在地食材為主的無菜單料理，店長透過每次不同靈感，將當天採撈到的新鮮食材，加上山海和氣候的變化、在地的傳統粗獷，並以如同日式懷石料理的美學質感細緻呈現。餐廳內的裝潢也是由部落藝術家製作及設計完成，充滿著部落人文藝術氣氛。

台湾史上最も感動したレストランが、ここ！陶甕百合餐廳の店主陳耀忠さんは、花蓮県港町部族のアミ族。アミ族の伝統的な飲食文化を広く熟知しており、各部族を周り、飲食の心得を互いに交流している。更に人文ドキュメンタリーの番組司会でもあり、金鐘奨の受賞もある。アミシェフやアミ族料理の移動式百科事典などと呼ばれている。

店内は当地食材を使い、メニュー無しの料理が目玉。店主は日々異なる閃きにより、当日獲った新鮮な食材を使用。豪快な性格を加え、美学的な和風懐石料理のような繊細な質感を提供。レストランの内装も部族の芸術家が設計し、仕上げた。

店長陳耀忠先生

點菜說明

餐廳以無菜單料理爲主,將部落的野菜、附近港口的漁獲、海邊潮間帶的螃蟹及螺類烹調成餐桌上的佳餚。經過精緻及創意的擺盤設計,呈現出部落特色的懷石料理。

小林 memo

臺灣史上,最超越期待、最令人感動的餐廳,就在這裡。表情嚴肅認真的店主和部落的夥伴們,一同將來自大自然的恩惠製作成無菜單創意料理。原住民全餐中的每一道料理,都是使用今日就在旁邊海中所捕撈到的新鮮食材,邊聽著這些食材的說明也提高了我的好奇心。這裡有的原住民文化及來自山海孕育的食材,是讓我心懷感動和尊敬的祕境級餐廳。

地址:花蓮縣豐濱鄉 3 鄰 138 號 | 電話:03-8781683 | 時間:11:30~14:00 / 17:30~20:00 | 公休:每週三

良金牧場

良金牧場設立於 1990 年，位於金門金湖鎮，是金門唯一的自有牧場及工廠，從飼養到在地製作的每一道過程，品質控管嚴格把關。以無汙染的環保循環飼養系統，照顧金門特有的黃牛，並以高粱酒糟搭配牧草圈養穀飼。肉質營養，油花分布均勻，口感 Q 彈滑嫩，鮮甜甘美，風味媲美國際頂級和牛肉。

1990 年金門金湖鎮で良金牧場が設立。金門唯一のプライベート牧場及び工場を持つ店になる。飼育から当地製作まで一つ一つの過程に品質管理を厳しく検査。汚染無しのエコ循環飼育システムで金門特有の黄牛を飼育する上に、高粱酒の酒糟と組み合わせる牧草を使用し飼育している。肉質が栄養豊富でサシと赤身のバランスが絶妙であり、食感が滑らか。味は和牛と肩を並べられるほどだ。

招牌鮮涮酒糟牛肉麵

牛骨清湯先以金色茶壺加熱，上桌後直接澆淋在牛肉上，八分熟的溫體牛肉自然鮮甜滑嫩，還有一股清淡酒香，搭配口感 Q 彈麵條及特別熬煮的湯頭，美食的回憶讓人捨不得離開金門。

小林 memo

可自己注入加熱後的牛肉湯頭，依照自己喜好來調整牛肉熟度，是一種多重感官用餐體驗型的超美味牛肉麵。不論是在視覺上或味蕾上的表現都很棒，金門的醍醐味就在這裡。店內販售的各種精選伴手禮也很值得注目！

地址：金門縣金湖鎮漁村 160 號｜電話：082-335886 / 082-337427｜時間：10:30~20:00

麥釀

店主為了讓大家能吃到健康又美味的食品，經過了反覆思量、細細琢磨、大膽研究的日子，最後選用「老麵饅頭」完美地呈現。使用老麵製作出多款的饅頭及麵包，口感扎實Q彈又獨特的風味，令人一吃就上癮，成功利用巧思研發出兼具美味又健康的麥釀產品。

店主が健康で美味しい食品を提供するため、丹念に研究した結果、最後は「サワードウまんじゅう」に決定。サワードウを使って作り出す種類豊富のまんじゅうとパンは、食感もちもち。工夫を凝らし、健康と美味しさが両方兼ね備えた麥釀商品を研究した成果。大人気のため営業時間は、売切れになる目安30分だ。

商品說明

店內的所有產品，全程使用業界頂級原料，以及採用傳統古法發酵，與新穎設備空間以杜絕細菌的滋生。堅持完全使用老麵，與親手培養的天然水果菌種做發酵，讓食物不失去本身的風味，並且結合當地食材，作出了多種創意搭配。

小林 memo

營業時間居然僅有30分鐘！但在這短時間內，所有的商品一定會被全數售罄！門口湧現的大批排隊客人，都是為了這一個個耗時費力所製作出的美味而來。在眾多種類的口味當中，塞滿餡料的芋頭口味是絕品。建議提早到現場排隊購買。

地址：新北市蘆洲區忠孝路108號 | 電話：02-22825333 | 時間：15:00~15:30 | 公休：每週日

小吃

春米鐵板吐司

店主為了想讓大家在輕鬆又溫馨的店內品嚐到不一樣的早午餐,特別選用了新鮮香醇的豆奶吐司,並使用鐵板煎烤全部料理,分量十足的三明治再搭配咖啡或茶飲,能滿足大小朋友的味蕾。最特別的是,在下午過後,大家最喜愛的柴犬店長還會不定時出現招呼客人。

店主はリラックスできる空間且つ他と異なるブランチを提供するため、新鮮な豆乳トーストを選び、更に全ての料理を鉄板で焼き上げ提供している。ボリュームたっぷりのサンドイッチをコーヒーやお茶と組み合わせると朝から満足な気分に。午後過ぎ、皆大好きな柴犬店長は不定期にお客様へ挨拶しに来る。

肉蛋爆漿漿吐司

醃製里肌肉豬排搭配濃郁牽絲起司及歐姆蛋製作而成,濃郁香氣口感獨特,牽絲長度可達 20 公分長,鐵板烤過的吐司也別有一番風味,令人回味無窮。酸甜的口感,彷彿回到青春時刻。

小林 memo

大分量大滿足的起司里肌肉三明治,加上柴犬店長不時會出來和大家打招呼,不禁讓人自然露出微笑,幸福的早餐店就在這裡。在鑲著玻璃落地門窗的店內享用早餐,從一早開始,心情也清爽了起來!

地址:新北市三重區三和路二段 171 號 1 樓 | 電話:02-29775987 | 時間:平日 06:30~16:00 / 假日 07:00~16:00 | 公休:每週三

郭家豬腳

郭家豬腳是由郭石源、陳月英兩夫妻，在20幾年前師承老師傅的手藝後，再加以改良成屬於臺南獨有風味的豬腳。早期兩夫妻跑遍臺南與高雄的各大早晨與黃昏市場，目前由郭家第二代長子接手，帶領全家人，繼續秉持挑惕的精神，一起努力堅持做出色香味俱全的郭家豬腳。看著在自家一樓擺放著製作豬腳專用的新的大型調理器材，還有全家人從一大早一個個仔細製作的背影後，更能品嘗到味道的濃厚度。

郭家豬腳は郭石源、陳月英夫婦が20数年前に職人さんから譲り受けた作り方をベースに味を改良。台南らしい豚足が出来上がった。昔は夫婦で台南と高雄の各市場を回って販売していたそうだ。現在、二代目長男が引き継ぎ、家族全員で色、香り、味が全て揃った郭家豬腳を作り続けている。実家の一階に作られた豚足専用の大きな調理器具は新しく、早朝から家族総出で一つ一つ丁寧に作られている姿を見てしまった後の味はまた深みが。八角は苦手だが、お肉にしみ込んだ自家製ダレと柔らかい弾力は、やみつきに！

郭家豬腳

採用當天新鮮現宰豬腳，需經過7道關卡的細膩處理，再經過1.5小時到2小時的滷製，吃起來不油膩，皮、肉、筋Q彈不黏牙，加上獨有的沾料，讓人回味無窮。

地址：臺南市各大早晨市場及黃昏市場｜時間：早晨市場 08:00~12:00 / 黃昏市場 15:00~18:00｜公休：每週三

小吃

春蘭割包

「春蘭割包」創立已近 20 年，是高雄老字號店家，除了招牌的割包之外，還有販售四神湯等各種經典湯品、有機穀類養生飲品等。割包針對豬肉的不同肥瘦部位，分有四種口味，可依照個人口味喜好作選擇，大滿足的分量，是高雄在地人都知道的傳統臺式下午茶。

「春蘭割包」は創立約 20 年、高雄の老舖。写真の割包（日本語：グワバオ）以外にも四神湯のスープやオーガニックの穀物を使用した飲料などを提供している。お肉は脂身の量を 4 種類から選択可能。大満足のビッグサイズで、高雄人のアフタヌーンティー。当時訪臺台したばかりの頃、最も感動した台湾料理。

割包

綜合割包是店內招牌。白麵饅頭口感 Q 彈，內部塞滿肥瘦各半的焢肉，肥而不膩，抹上特製甜辣醬，撒上花生糖粉、酸菜及新鮮香菜，是一道臺灣傳統美味的虎咬豬。

小林 memo

對臺灣美食印象最深刻的就是高雄的割包。其實，在住在臺灣之前，還在各地旅行時，對於臺灣都還不太了解，當時高雄的朋友送了這家的割包給我，從此成為了我最愛的臺灣料理。我舉辦個人攝影展覽的時候，會場入口就是展示著這張照片，讓我非常懷念。

地址：高雄市新興區復興一路 5 號 ｜ 電話：07-2017806 ｜ 時間：09:00~20:00（週日為 09:00~18:00）

赤崁炸粿

老闆在澎湖扎根 20 多年，經營的店家已成為了當地巷弄內口耳相傳的美食。將高麗菜洗淨切丁後裝在圓形的勺子裡，淋上麵糊，上頭再放上每天到漁市場採買的澎湖特產新鮮狗蝦（赤蝦），丟進熱油中炸成漂亮的金黃色澤，這就是澎湖在地小吃「炸粿」。每次一開店便香氣四溢，立刻吸引客人上門。老闆講究做法用料也不馬虎，就是希望將這份赤崁的家鄉美味，永遠傳遞下去。

20 年間から離島澎湖に暮らす店主、ここは口コミで人気が広まった地元グルメ「炸粿」である。キャベツ角切りを、お玉杓子に載せ、生地をかけ、その上に毎日魚市場で購入する新鮮な澎湖特産の狗蝦（赤海老）を加える。最後に、さっと熱油でこんがり揚げると完成。開店と同時に香りが漂い、通行人の目を引く。店主のこだわりの製法と食材をたっぷり使い、故郷の美味しい味をずっと伝えていくと望んでいる。

炸粿

以滿滿的高麗菜做為內餡，再擺上兩條肥美的狗蝦一起入鍋油炸，一口咬下，能享受到蔬菜與海鮮的雙重美味。

小林 memo

現點現炸熱騰騰的商品，全都是澎湖海島的美味！我在島上時，已將炸春捲、炸米糕、炸地瓜等全商品種類完食制霸！家族經營的溫暖人情味，讓身心都大大滿足！

地址：早上在北辰市場：澎湖縣馬公市北辰街 20 號（農會超市斜對面、土魠魚羹隔壁）下午在民權路上：澎湖縣馬公市民權路 70 號（藍天飯店左前方）｜電話：0972-312626；0972-524626｜時間：08:30~13:00／14:30~19:00（休息時段以實際賣完為準）

甜
點

Jeff's Bakery
斯陌窯烤麵包專賣店

店內的產品，從初始的原點，堅持所有的照料與製作都是親力親為，每份食物都是初心的呈現。這一直都是店主喜愛的方式，以及尊重與善待身體的態度。

「製作過程雖然辛苦卻不嫌累」，就如同窯中之火，正是因為這種熱情與溫度，烘烤出來的麵包，帶有滿滿店主的心意。

店内商品の材料と製造は全て自ら行なう。全ての食べ物に初心を込める。これは店主の拘り、そして、健康と身体のためだと言う。「製造工程は大変だが、辛くはない。」まるで釜の中の火のように力強い言葉だ。この熱意の温度があるからこそ、焼き上がったパンには店長の気持ちがたっぷり含まれている。

地址：新北市雙溪區中正路 17 號
電話：02-24930017
時間：09:30~18:30
公休：每週二

190

天然酵母手作窯烤麵包

使用好品質的進口麵粉,以及店主自己培養的天然酵母,經過每次十幾個小時的發酵後才塑形,再用自己蓋的窯烤爐進行烘烤。是充滿愛心、健康、能量的手作麵包。

小林 memo

店內有著酵母的香氣,和一對很有魅力的店主夫婦。享用著以講究不妥協的態度所製作出來的麵包,同時又被親切溫暖的店主包圍,感覺超級幸福。麵包的美味,連麵包師傅們自己也都讚不絕口!

甜點

朝日夫婦

「朝日夫婦」位於淡水滬尾漁港旁，店主為一對曾在沖繩長期居住的夫妻，兩人對海一直有種依戀的情感，後來決定回到家鄉，販售在日本吃過的美味刨冰，並加入臺灣食材來設計菜單。店主從小看著這片風景長大，覺得能夠邊吃著冰、邊看著海是件最幸福的事，也希望能讓來店的客人們，邊看著一整座觀音山及波光粼粼的淡水河，偶爾遇見美麗夕陽與晚霞，一起度過幸福的時光。

「朝日夫婦」は新北市淡水滬尾漁港の側、海が一望できる立地にある。店主たちは長年沖縄に住んでいたご夫婦。ずっと海に未練があり、日本で食べた一番美味しいかき氷を台湾の食材で再現、販売。かき氷を食べながら、海を眺める。これは、最も幸せなことだと言う。正面には、観音山と波がきらきら光るビューポイント！淡水川と、時々、綺麗な夕日と夕焼け。お客様と一緒に幸せな時間を過ごしたいと思っているオーナーたち。

刨冰

店主夫婦對於食材及製作方法都非常講究，將每一碗刨冰視為一場完美的演出。以新鮮水果手工熬煮的糖醬，堅持不添加人工色素及香精，讓水果散發出天然的顏色與香氣。

ESPUMA 宇治金時口味刨冰是店內人氣商品，ESPUMA 在西班牙文中為泡沫之意。使用京都宇治抹茶，並以薄茶 3.5 倍方式製作出濃厚抹茶，最後使用分子料理的技法將抹茶呈現出泡沫般輕盈的口感。

小林 memo

坐在吧檯座位區，邊看著大海與下沉的夕陽美景，邊吃著美味刨冰，感覺十分浪漫。店家隱藏在距離淡水捷運站徒步約 15 分鐘的地方，而且最精彩的是每碗刨冰的超大分量。為了吃上一碗值得排隊等候！

地址：新北市淡水區中正路 233-3 號 1 樓 | 電話：0903-290575 | 時間：12:00~20:00 | 公休：於臉書粉專另行公告

甜點

獅子甜點

「獅子甜點」的店主兼主廚來自於比利時，獅子是比利時的國家象徵，所以在店內和菜單上都能看到獅子的圖案。曾在比利時經營過餐酒館的店主，來到臺灣定居後，愛上了這裡的食物、良好的治安和人的熱情與溫暖，所以他決定要重建在比利時酒館的氣氛，用食物拉近人與人之間的距離，與客人連結深厚的情感，因此誕生了這間充滿各式各樣的甜點及鹹食的特色店家。

「獅子甜點」の店主を兼任するシェフはベルギー人。獅子はベルギーの象徴、よって店内やメニューには獅子のデザインが多く見られる。ベルギーでビストロを経営したことがある店主は、台湾定住後、ここの食、良い治安及び人の温かさと熱情に惹かれて、地元の雰囲気を再現したいと決心。スイーツで人と人の間の距離を縮め、お客様と深い感情をつなげる。メニューは気分次第と言うが、どれも美味。

小林 memo

在臺北市中山區也能吃得到比利時的美味料理?!主廚的雙手上有著炫麗的刺青圖騰，帶著溫柔的笑容，親手作出的法式甜點種類太過豐富，居然連平常點餐時不會猶豫太久的我也感到了困惑。但最後選擇主廚推薦的巧克力閃電泡芙是一大絕品！由於菜單內容會依照季節，或是主廚的一時心血來潮經常做更換，請抱著期待的心情去店裡看看吧！

德國蘋果派

使用較有酸度和脆度的青蘋果作為原料，搭配手作派皮和烤過的杏仁片，灑上肉桂粉並佐上現打鮮奶油，是一道令人驚豔的人氣甜點。

地址：臺北市中山區中山北路二段 115 巷 3 弄 23 號 ｜ 電話：02-25318931 ｜ 時間：11:00~20:00（週五、六：11:00~21:00）
公休：每週二

甜點

深夜裡的法國甜點

「深夜裡的法國甜點」成立於 2011 年，身兼主廚與經營者的 Rick 喜歡吃甜點，認為吃甜點是一件幸福的事。堅持選用當季新鮮食材，當天親手用心現做，不僅味道細膩，口感層次豐富，受到許多喜愛法式甜點的客人支持，成為了臺北深夜中的排隊名店。店主希望客人在品嚐甜點時，能夠吃到最新鮮的口感及風味外，也希望將幸福的感覺帶給大家。

「深夜裡的法國甜點」は 2011 年開業。シェフと経営者を兼任する Rick はデザートが好き。デザート＝幸福だ。旬の新鮮な食材を選び堅持し、当日自分で心を込めて作る。味は繊細だけではなく、コクも深い。パティスリーが好きな多くの人々が支持し、台北の深夜にも並んでいる名店に。店主はお客がデザートを食べている際、最も新鮮な食感と味が召し上がれられる以外にも、幸せな気分を与えることができると望んでいる。

生巧克力塔

巧克力與鮮奶油以完美比例融合，生巧克力率先在舌尖融化，微苦微甜的可可粉再完整帶出喉韻香氣，下層奶油杏仁塔餡口感鬆軟，香氣十足，搭配底層酥脆塔皮一口吃下，是深夜裡的法國手工甜點最引以為傲的招牌甜點！

小林 memo

門口掛著的藏藍色暖簾是隱藏店家的專屬標誌！根據傳聞只有在深夜提供蛋糕的店家，就在古亭站登場！不論是話題性、大小、風味都令人大滿足。店內微暗亮度的柔和氣氛和舒適的空間感，也是值得矚目的重點！

地址：臺北市大安區麗水街 33 巷 23 號｜電話：02-23212503｜時間：12:00~00:00（週三為 13:00~19:00）

甜點

呷滴
Jia Dee

小林 memo

店內聚集了超多來自於世界各地的人形玩偶模型，沒想到在臺北市中心的巷弄內，隱藏了這家特色甜點店。裝飾成小山丘造型的蛋糕，不論是在視覺或味覺上都令人十分滿足。店內現場炙燒的香蕉焦糖蛋糕，是一大絕品。

兩位高中就讀工科的同學，共同籌備了近一年的時間，將林森北路旁開置了 10 幾年、屋齡 60 年的老建築的二樓，重新打造成一家全新的甜點店。整體風格雖然與週邊環境格格不入，但這就是兩位年輕店主選在這個有趣位置的最主要原因，格格不入正是他們所追求的特點。開店不只是為了追求夢想，也想帶給客人們與眾不同的甜點體驗。

高校時代に工科專攻だったクラスメートの二人が、一年間をかけて準備し、台北市の林森北路の近くに開店。何十年間、誰も住んでいない築60年の古い建物二階をリフォームし、新たなパティスリーを完成させた。ぎこちなさもあるが、これこそ二人の若店主が面白い場所を選んだ主な理由であり、追い求める特点。開業は夢を追いかけるだけではなく、お客様にも他とは異なるデザートの体験を与えたいと思っている。店内に溢れるフィギアに驚かされる！

生乳捲系列

蛋糕體鬆軟綿密，搭配日本北海道鮮奶油的內餡，乳香濃郁，清爽不甜膩。有多種口味可選擇，是店內招牌熱賣商品。

地址：臺北市長安東路一段 45 之 2 號 2 樓　電話：02-25717676　時間：12:00~21:00

天和鮮物旗艦店

由於老闆過去身體曾經發生過狀況，在恢復健康後，對自己承諾要找到對身體無負擔的健康食品，並推廣給大家，因此建立了從生產、加工、零售到服務，從產地到餐桌，農畜及水產食材一條龍的經營模式，以維護最佳品質。老闆期盼能將這份心意，讓每個人都能吃到安全無虞的食材來擁抱健康。

過去に店主の体調が悪化したことがあるため、健康に、身体に負担がない食品を探そうと自分に約束。さらに、皆に伝えたい気持ちが強い。最も良い品質を保つため、まずは生産から、加工、販売、サービスまで。産地から食卓まで、農畜産業及び水産の食材は一本化の経営。店主は皆に安全で心配なし食材を提供し、健康を守ることができると信じている。私は、この食べる健康ジュースを飲み、翌日目が良くなったと一人で興奮。

精力湯

富含各種有機食材與蔬果，聚集多種營業素。每一杯的膳食纖維含量高達每人每天建議攝取量的 1/3，相當於一餐攝取量。是天和鮮物中果汁吧的人氣首選飲品。

> **小林 memo**
>
> 喝下濃縮了對身體有益食材的湯品，完全受到了衝擊！口耳相傳的傳說珍品！喝完的隔天早上，真心覺得視力變得很好，只有我有這樣的感覺嗎 ?!

地址：臺北市中正區北平東路 30 號 1 樓 & B1 │ 電話：02-23516268 │ 時間：平日 10:00~21:00 ／週六、週日 09:30~21:00

Sugar Miss

由於「Sugar Miss」的店主喜愛大理石，所以店內的裝潢、菜單、擺設、蛋糕，全部採用大理石的花紋圖樣，是一間極具獨特風格的下午茶店。店內商品所使用的材料，都是店主從日本嚴選帶回，並堅持不使用任何食品添加物，讓客人吃得安心無負擔，也可以在享用的同時，欣賞有如藝術作品般的甜點。

「Sugar Miss」の店主は大理石好き。店內の內裝、メニュー、飾り、ケーキなど全てに大理石の柄模様を使用、独特な風格を持つアフタヌーンティーの店。店內商品が使用する食材は全て日本から。一切添加物を使わずと堅持し、お客様に安心で負担なしのを召し上がっていただきたい一心。芸術品のようなデザートを鑑賞することもできる。

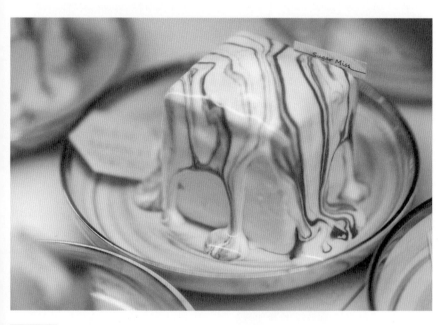

大理石蛋糕

上層：竹炭大理石乳酪凍，帶著酸甜的檸檬及優格的香氣，入口滑順綿密。
中層：經典重乳酪蛋糕，以北海道高梨奶油乳酪製成，奶香濃郁帶有微微乳酸風味。
底層：酥香自製餅乾底，提升整體層次，質地清爽而不帶甜膩感。

小林 memo

在 12 點剛開店時，就陸續出現了很多的再訪客，都是為了這裡的招牌甜點大理石蛋糕而來！店主不只是專注在視覺上的設計，連風味上也十分講究。果然要在餐前先拍照才是王道吧！

地址：臺北市大安區光復南路 290 巷 4 號 1 樓 ｜ 電話：02-27715320 ｜ 時間：12:00~20:00

GATE
傑特曼紳士茶飲

店名「GATE」是店主最原始的設計發想，希望透過開啟店門，能引領顧客進入不一樣的空間氛圍與環境享受；「傑特曼」則是取自 Gentleman 的音譯，店內每一位服務紳士穿著正裝，服務優雅貼心，希望帶給客人備受榮寵的感覺。

店名「GATE」は店主の発想。店のドアが開き、お客様を異なる空間に連れていくことを望んでいる。漢字表記の「傑特曼」は Gentleman の発音で名付け、店内の店員は一人一人がスーツを着用。優雅で優しいサービスを提供し、お客様に慕われるお店を望んでいる。インスタ栄え、第一位！

鞦韆奶酪

在滑順的鮮奶酪上，鋪上滿滿一層的珍珠，再加上一整顆雞蛋牛奶布丁，是一道簡單又美味的甜點！

小林 memo

使用像是實驗試管般特殊造型的甜點餐盤，以及像是高級名牌店的門口外觀造型設計，打開門後感覺像是能連結通往到奇幻世界。不論是食物或是環境，都能拍出各種上相網美照，我給 100 分滿分！

地址：臺中市北區錦新街 30-2 號 ｜ 電話：04-22259527 ｜ 時間：平日 12:00~20:00／假日 12:00~21:00

町・走馬

店家隱身在市區巷弄之間，店內空間雖小，卻不同於一般咖啡店的營業模式，低調自然不做作的風格，氛圍營造得明亮又溫暖，略帶現代禪風之感。

都会の裏路地、店内の空間は少し小さいが、他のカフェとは異なり、控え目で気取らない。温かい雰囲気と、少し禅風もあるお店。笑顔が優しい店主が一人一人と面と向かって淹れる一杯は、記憶に残ること間違いなし。夜の時間だけ空いているというのも特徴。店主の一杯にかける想いをこの本の後半でチェック！

咖啡茶席

以咖啡茶席理念闡述東方咖啡文化精髓，以手沖精品咖啡、及精品茶類為主要商品。

小林 memo

只有在深夜時刻才開店的隱藏咖啡店。享用著一杯杯店主仔細專注沖泡出的咖啡，和面對充滿笑容的店主，心靈和身體都恢復了精神。在店內能度過一段耐人尋味的時間。此書 (p.260）將會介紹店長所沖泡的每杯咖啡蘊含了一段過往的歷史及想法。

小庭找茶

店主在年幼時期，即使天氣酷熱，阿嬤爲了一家人，依然在廚房用愛與時間換取食材的美味，照顧著全家人的嘴巴和胃。爲了找回兒時的記憶，以及懷舊的思念，加上一顆傳承的心，堅持用純手工、按照古法步驟的製程，想將記憶中的滋味，分享給大家。不只是美味的傳承，更有著濃濃的人情味。

店主は子供の頃、天気がどんなに暑くても、おばあさんが台所での作業に愛を込めて時間をかけ、美味しい食材を家族全員の口に与えていた記憶を忘れない。レトロな思い出を探し、伝承の気持ちを加えて、完全手作りを堅持。昔の作り方に従い、記憶の中の味を皆と分かち合う。道路に面したところに現れる木製の店舗には、人柄優しい店主の心が。サクサクの衣の中にタピオカがたっぷり隠れており、子供から大人まで楽しめる味。

凸餅冰淇淋

凸餅，又稱「椪餅」，在以前是給坐月子的婦女食用。餅身在烘烤中因受熱而膨脹，會鼓起成一個圓球狀，將其頂部挖空後，形成一個碗狀的容器，加上香草冰淇淋與粉圓來享用，成爲了新舊融合的創意甜點。

小林 memo

在有著親切笑容的店長和木雕設計的店裡，能感受到那暖心的人情味和食物的美味。將凸餅冰淇淋的餅殼一切開，流出來的冰淇淋和珍珠是絕配，最後再搭配餅殼會忍不住全部吃光光。

地址：臺中市中區三民路二段 81 號 ｜ 電話：04-22211252 ｜ 時間：平日 09:00~17:30 / 假日 08:00~17:30

金帛手製

2014 年於臺中創立，以交疊起來如同霜淇淋與燈塔般的「金帛」二字爲意象，店主期望每一支以天然食材製作的霜淇淋，能如同燈塔一般，帶領人們通往幸福的視覺與味蕾體驗。坐落於一座日式庭院，保留著老宅原有的特殊結構與韻味，並融合了工業與北歐風格，打造出舒適的用餐環境。店內除了販售精心製作的霜淇淋及各式甜品外，二樓與臺灣設計品牌「Filter017」所合作的複合展演空間「The Parlor Room」，會不定期邀請藝術家、設計單位進行展出，並販售生活、設計、藝術等多元內容選物。

2014 年台中にて創立。アイスクリームや金帛の二文字が意味する天然食材を使用した一品は、人々に幸せな視覚と味覚を与える。店は和風庭園、古宅そのままの特別な骨組みや趣を保留し、インダストリアル風且つ欧米風を融合させた、心地よい空間。店の二階では「Filter017」「The Parlor Room」というデザイン会社とコラボ。不定期で芸術家、デザイン部門などを招待し作品を展示。生活、デザイン、芸術など色々な物も販売。

小林 memo

由追求美味和設計感的年輕老闆所開的創意店家。店內的商品、包裝、裝潢、銷售等都很完美。理想中享受休閒時光的空間和美味甜點，全部都在這裡。

霜淇淋

由日本小山園抹茶與臺灣特色茶種所製成的特色霜淇淋，與甜點搭配出獨一無二的特色創意冰品。無色素、香精添加，忠實傳遞食材的天然原味。

於 2017 年開店，是一間以「家」爲概念的創意冰店，店主希望進入店內的客人們，能夠迷上店內的氛圍、冰品的味道以及對家的記憶。嘴裡吃的是冰，心裡感受到的卻是溫暖。店內備有各式創意與季節限定的冰品。

2017 年開業、「家」の概念から生まれたクリエイティブなかき氷屋。若手の店主は店内の雰囲気に加えて、かき氷の味及び家のような記憶を提供できることを望む。クリエイティブな季節限定のかき氷を常に創作し、夏は王道マンゴーの季節。実家で栽培している新鮮なマンゴーを使用した一押しの一品は、ここでしか味わえない味。大きなぶつ切りではなく、丁寧に食べやすくなった贅沢で全てが丁度いい一杯のお椀はまるで輝いているよう。マンゴーかき氷部門、第一位！

p.s. 日本人のお客様には、知っている限りの日本語を使うと気合満々です。

甜點
人來走走
手作雪花冰刨冰

芒果雪花冰

夏天芒果季來臨時，選用自家種植的新鮮芒果，搭配自製的牛奶雪花冰之外，再淋上店主親手手工熬煮的芒果醬，一口就能感受到芒果雪花冰的三重奏。

小林 memo

使用從自家田裡新鮮直送的芒果！對我個人來說是臺灣 NO.1，所以，也就是世界第一的刨冰，就在這裡！店內販售無添加的金煌芒果乾，是我必買的土產。

地址：高雄市三民區昌裕街 186 號｜電話：07-3836180｜時間：12:30~22:00｜公休：每週四

甜點

二馬豆花

「二馬豆花」位於澎湖西嶼二崁聚落，在擁有 400 年歷史的傳統咾咕石珊瑚古厝中。店家的建築物是由原本從事水泥師傅的店主自己一磚一瓦砌起來的。除了房屋設計之外，使用的木製托盤及瓷碗也都古色古香。純手工豆花也遵循古法製作，堅持無多餘添加物，口感綿密香氣十足，糖水也是純手工以紅糖和黑糖混合熬煮，搭配一起吃甜而不膩，讓人回味無窮。

「二馬豆花」は澎湖県西嶼の二崁聚落、また、約 400 年の歴史を持つ伝統的な咾咕石古厝（珊瑚で造られた古い家）の中にある。店舗建築は元セメント職人の店主が一つ一つ煉瓦や瓦で完成させたそう。建物のデザイン以外にも、木製トレイや陶製おわんも古風一色。手作り豆花も昔からの製法に従い、余計な添加物も一切使わず、クリーミーで香りたっぷり。自家製黒糖スープに、赤砂糖と黒砂糖を混ぜて煮込んで作り出した、離島の贅沢スイーツである。

豆花

口味共有綠豆、紅豆、南瓜及花生四種口味。其中的花生口味，不是一般常見熬煮軟嫩的花生仁，而是撒上研磨後的花生粉和花生酥作調配；另外南瓜口味則是使用澎湖當地的南瓜，由於種植土地鹽分高，生長出的南瓜甜度也較高，蒸熟後如地瓜般的口感特別美味，是只有在這裡才吃得到的限定口味。

小林 memo

店家位在澎湖海邊具有歷史感的石造建築內，在這裡吃得到臺灣味的豆花。才正為像是從古代就開始使用的餐具和裝飾物，還有店內裝潢的材料感動時，絕品豆花就登場了！特別推薦這裡給喜愛古色古香的女性朋友們！

地址：澎湖縣西嶼鄉二崁村 28 號 ｜ 電話：0912-779534 ｜ 時間：10:00~16:00（一天限量 150 碗，售完為止）

人生

比祕境更閃閃發光的東西
那就是人生。

思考，
並分享別人的生命。

母親說的話，溫柔中帶有一股力量；
父親的辛勞，教導了我人生的生活態度；
爺爺奶奶以前的故事，
深深撼動了我的心。

而我想將這些人生串聯起來。

人生

秘境よりも光り輝くもの
人生。

考える。
生命は分かち合えると。

母の言葉は、優しさの中に、力あり。
父の苦労は、生き方を教えてくれる。
爺婆の昔話は、
記憶と心によく染みた。

人生を繋ごう。

「成長並非來自飛行里程」

蔡榮峰

公務人員 ──── 高雄

人生教室

國小二年級時，母親曾問我：「媽媽在菜市場做生意，會不會讓你覺得丟臉，在學校不敢說？」

因為貧窮而羞愧的感覺，多年來難以忘懷。在傳統市場長大，熱鬧的攤商生活從來就不只是鄉土劇。大人的世界太複雜，我理解了不要在乎他人怎麼說。

之後，從左營的埤仔頭菜市場出發，前往繁華臺北，見識了紐約時代廣場，帶著背包闖蕩柏斯，駐足新加坡港灣，探祕清邁和暹粒古王朝，在坎培拉與雪梨醉酒高歌。窮小子的冒險，意外地走了好遠。

離開雪梨前一晚，躺在只有浪濤聲的邦代海灘，眼前的南十字星空漸漸染成魚肚白，那一刻，突然懂了。成長，並非來自飛行里程，一路上形形色色的人們，才是照亮我的點點繁星。原來，童年記憶裡母親的小攤子，早就是最棒的人生教室。

「お母さんが市場で商売をやってるって恥ずかしい？学校の同級生に知られたら嫌だ？」小学校２年生のとき、母に聞かれたことだ。

この貧乏だから恥ずかしいと思う気持ちは、何年経っても忘れられない。市場育ちの私にとって、にぎやかな屋台商売の生活はローカルドラマに出てくるシーンではない。リアルな日常生活だ。大人の世界は複雑だとわかっている。他人が何を言おうと、私は全然気にしない。

そこで、私は台湾南部にある左営の埤仔頭市場から華やかな台北に出た。その後、ニューヨークのタイムズスクエアを訪れ、リュックを背負いオーストラリアのパースを渡り歩く。東南アジアでは、シンガポールの港で立ち止まり、テーサバーンナコーン・チェンマイとシェムリアップの歴史を探求し、キャンベラとシアトルで楽しくお酒に酔っていた。貧しかった私の冒険は、意外にも長くなった。

シアトルを飛立つ前夜、波の音だけが響くボンダイビーチで横になる。そして、目の前に広がる十字星座。光る星空がどんどん明るくなってきた。その瞬間、わたしはわかった。成長は、飛行距離が長ければ長いほど積み重なるものではない。今まで出逢った人たちこそ、私を照らしてくれる星たちだ。子供のときの記憶に残る母の小さな屋台が、私にとって最も素晴らしい人生の教室だと分かった。

鴨片慢活小吃
鴨のお店

1998~1999 那年，爲了迎接小孩的到來，結束了經營一年的鴨肉小吃。2002 至 2014 年間，兩夫妻一起打拚女性保養品和精品服飾業，隨著平價服飾席捲的浪潮，再次向精品服飾業說拜拜。2014 年至今重操平民慢活小吃業，想把心中存在已久小吃的念頭分享大家，堅持古法手作煙燻鴨肉，一碗一盤用心烹調，該煮，該炒，該等，乖乖照著節奏跳舞，急不得。用餐環境順著心跳營造沒有風格的風格：不要擠，不要髒，不要臭，不要吵，不要電視。要慢活，要音樂，要文字，要氣氛，要物超所值，最重要－要好吃。這是我心中想呈現給客人朋友們的「鴨片慢活小吃」。

其實 20 年來，我覺得夫妻倆眞正的事業是「每天夫妻相處 24 小時」的事業。這對現代人來說應該是很難經營的行業。

1998-1999 年、子供の誕生を迎えるにあたり、一年間経営していた鴨肉飲食店を閉店。2002-2014 年、夫婦で女性基礎化粧品とブランド服の販売を開始。しかし、ファストファッションが流行りだしたため、ブランド服業界を離脱。2014 年より現在まで、庶民のグルメ業界に戻り、ずっと心待ちにしていた B 級グルメと向き合っている。昔ながらの製法を駆使し、こだわった燻製鴨肉。一皿一碗に心をこめる、煮込み、炒め、ねかせる、すべてはテンポ通りに。そう、踊っているようにだ。急いだら駄目。食事の環境は、心の動きに寄り添わせる。スタイルがないスタイルを作る。狭くもない、汚くもない、臭くもない、うるさくもない、テレビは不要。のんびりさ、音楽、文字、雰囲気、リーズナブルも必要だ。まぁ最も重要なのは美味しいことかな。これらが、お客様、友人たちへ見せたい私の店、「鴨片慢活小吃。」

実はこの 20 年間を歩んできて、悟ったことがある。夫婦と言うものは毎日 24 時間、共にいることだ。これは今の現代人にとっては、とても難しい経営だろう。

，要物超所值，

林玉佩　　吳凱鳴

小吃店老闆／夫妻──宜蘭

成為一位
「臺灣文化大使」，
將這些美好介紹給全世界

葉典翰

旅行社銷售業務 ——— 屏東

身分

「我是哪國人？」、「我的國家叫做什麼？」這是生長、生活在臺灣的人有可能會問自己的問題。臺灣曾經受到不同的國家和政府所統治，多元族群文化在不同的歷史脈絡下成就這座寶島當今的樣子。對我而言，我是臺灣人，也是閩南人、客家人。

幾年前在大學即將畢業的時候，向一位香港同學說我想學廣東話，他當時就向我說：「你是客家人，你應該先學會客家話，那是你的母語。」這段對話成為後來生命中很多緣分的開始。我大學讀的是國際關係，研究所選擇進入客家學院。讀族群關係，這像是在 Google 地圖上用手指放大再放大，從全世界的視野回到臺灣，開始細細認識自己的國家與文化，這也是我找回自己完整身分的方式。

從研究所第一年（2014 年）開始學習客語，體驗豐富的客家文化，也與外婆有了新的話題，對傳統客家村庄有了認識，也開始橫向理解臺灣不同的族群文化，客家、閩南、外省、原住民、新住民等，每一個族群都在臺灣留下深刻的痕跡，而從人出發是最有溫度的。未來，我希望能繼續擁有熱情，體驗臺灣多樣族群文化的美，成為一位「臺灣文化大使」，將臺灣的美好介紹給全世界。

「私はどの国の人？」「私の国の名前はなに？」台湾で生まれ、台湾で暮らす人たちが自分自身に問いかける質問だ。台湾は、いくつかの国及び政府に統治された経験がある。その度に多元的な、歴史を吸収し、現在の台湾を形成した。私にとっての私は、台湾人である。そして、閩南人、客家人でもある。

数年前の大学卒業時、香港出身のクラスメートに広東語を習いたいと言ったとき、彼はこう答えた。「君は客家人、客家語を先に勉強すべきだと思うよ。それが母国語。」この会話が人生を変えた。専攻は国際関係だが、大学院では客家語学院へ進学を決意。民族学の世界に足を踏み入れた。まるで自分の指を使いグーグルマップの世界を縮小拡大する感覚だ。世界から視野を台湾に戻し、自分の国と文化を身に染みつかせる。今思うが、これこそが自分本来の身分を見つける方法だった。

大学院一年目の 2014 年。客家語を学習し、豊かな客家文化に触れる、祖母とも新しい話題が生まれた。伝統的な客家の村についての知識を得て、客家、閩南、原住民、外省、新住民など台湾の異なる民族文化を再認識。全ての民族は台湾で身分を残している。人には温もりがある。情熱を保ち続け、将来台湾の多民族文化の美を更に熟知したい。そして、台湾文化大使になり、美しい台湾を世界へ発信したいと思う。

人生的旅途正要開始
人生の旅はじまる

我是阿里山的鄒族人，從小生長在美麗又舒適的達邦部落，12 歲開始離鄉背井到市區求學。慢慢發現城鄉差距是多麼殘酷的現實，我開始思考我要用什麼方式可以讓部落的孩子跟世界接軌。大學我主修教育相關科系，想要透過教育讓孩子們知道這個世界是無比的廣大。大學念的是專業知識，但要怎麼告訴部落的孩子我所看到的世界？

我開始思考「我要成為什麼樣的老師？」

今年我大學畢業了，人生的旅途正要開始。我準備要先去旅行，離開我原本的舒適圈，挑戰自己、達成更多的人生目標，最後再用我的方式告訴阿里山部落的孩子我所看到的世界。

「我要成為什麼樣的老師？」直到大學畢業，我依舊在思索這個問題。來自阿里山鄉達邦村，我們這樣的鄒族小孩，在達邦國小畢業後大多要離開熟悉的家鄉，前往市區完成學業。山上山下，是截然不同的世界，而差距的殘酷，是在部落中不曾見到的。這個世界很大，我們卻不知道。大學我選擇了教育科系，我想要透過教育讓部落孩子們知道，這個世界是無比廣大。但是，究竟要怎麼告訴孩子？

22 歲，人生的旅途正要開始。

私は、台湾中部にある阿里山の原住民ツォウ族です。美しい達邦部落に生まれ、12 歳で故郷を離れ、都会へ。農村と都市の生活ギャップに驚き、残酷な現実に直面しました。しかし、この経験は、部落の子供たちをどうやって世界と繋ぐかについて考え始めるきっかけをくれました。大学の専攻は教育関連です。教育を通し、世界はどれだけ大きいのかを子供たちに知ってもらいたい。大学では理論的な専門知識については勉強しましたが、子供たちにどうやって自分が見た世界を伝えるのか、肝心なことは学べませんでした。

私はどんな先生になりたいのだろう？

大学卒業の年、人生の旅が始まりました。今の便利な生活から抜け出し、外に出る。自分に挑戦したい。もっと沢山の人生、目標を達成したい。そして、阿里山の部落へ戻り、子供達へ自分が見てきた世界を伝えたい。

私はどんな先生になれるのか、よく考えています。山岳の部落で生まれた私のようなツォウ族の子供たちは学校を卒業したら都会へ出なければなりません。この残酷な格差は、部落を出ないと知ることができない。この世界はとても大きいです。しかし、私たちは知らない、この世界はどれだけ大きいのかを。一つの真実を子供たちに知ってもらう。しかし、肝心の繋げる方法はまだ模索しています。

22 歳、わたしの人生はこれから。

莊瑜姍

國小老師————————嘉義

因為太難回家了，
所以更喜歡回家

張原銘

廣告行銷業————臺東

我漂而我在
漂いの中に

「漂」這個字最近很受爭議，用來反映地方經濟與人才外流。身爲一個臺東人，從小就知道機會在哪裡，就該去哪裡；我到了中壢讀書、去了非洲史瓦濟蘭服外交役、去東協10國旅行、去了歐洲、去了北韓。在35歲那年，當多數人都開始選擇穩定的方向後，我還是決定讓自己再體驗一次變動，到了中國工作，走了15個省市。

記得我到金門跑馬拉松、晃進閩南古蹟，才了解這些這幾百年前遠離他鄉打拚的遷移歷史。我心裡猜想這些人當初是怎麼選擇的，是下南洋還是去臺灣？

如果我當初留在臺東讀書呢？如果沒有去非洲服外交役？如果沒有到中國工作？我會變成什麼樣的我？怎麼選都會是「對」與「對」的選擇，都會是我們身爲太平洋孩子的天性。

走過這麼多國家，搬過好幾次家，住過好幾個房間，我從來都沒有忘記我從哪裡來，也不覺得我在漂，反而因爲到處變動而讓我從「時常回家」。轉變成「常常回家」，就是因爲太難回家了，所以更喜歡回家，更喜歡帶著旅人的眼睛發現臺東的美好。

「漂（漂う）」最近ではこの単語がよく議論されている。これは、地方経済の衰退、地域の人材流出の意味を指す。わたしは一人の台湾東部出身の台東人だ。

チャンスはどこにでもあると思っているわたしは、小さい頃からすぐ行動に移す。学問のため台東から桃園中壢へ。アフリカのスワジランドへ兵役として服務。ASEAN（東南アジア諸国連合）の10個国及び、ヨーロッパ、北朝鮮、どこにでも飛び回った。35歳の年、もしかしたら、大多数の人は安定の生活を選ぶかもしれない。しかし、僕はやはり自分を今一度見つめなおしたい。海外勤務で中国を選び、15個の省を巡った。そんなある日、金門マラソンに参加。目に映った閩南文化の古跡。数百年前の故郷が、先祖たちの歴史と変遷を見せてくれた。当時の彼らは一体どのように自らの選択を行なったのだろうか。

もし、台東の学校で勉強を続けていたら？もし、兵役でアフリカに行かなかったら？もし、中国で働かなかったら？僕は一体どんな僕になっていたのだろうか。なにを選んでも、「正解」と「正解」だ。国を跨ぎ、暮らしが変わり、幾多の部屋に泊まったことだろうか。でもわたしは、自分の故郷を忘れた事は一度もない。自分が漂うなんてこともない。

むしろ、ずっと移動しているから「時々帰る」から「頻繁に帰る」ようなった。家に帰ることが難しいからこそ、家路に着くことが更に恋しくなる。いま僕の旅人の目は、故郷である台東の美しさを捉えることができている。

「喜歡」，擁有無限大的力量。

無論對人、對物或是對任何東西都有「喜歡」，

無論什麼時候我都最重視「喜歡」這個感覺。

我「喜歡」人，因此我熱愛與人交流，珍惜每個相遇。

我「喜歡」跳舞，因此跳舞，因此學舞。

因為有「喜歡」，所以人才會相聚，才有交流圈的產生。

「喜歡」使人堅強，

「喜歡」使人興奮，

只要有「喜歡」，人就不會走偏。

喜歡
好き

我「喜歡」Baton Twirling（棒操，又稱舞棒，韻律體操的一種），

所以成為 Baton Twirler，

為了宣傳我喜歡的 Baton Twirling，所以成為了職業選手，

也為了讓世界上更多人知道 Baton Twirling，所以我來到美國。

「喜歡」隨時能帶給我夢想跟希望。

那麼大家的「喜歡」是什麼呢？

世界上有多少人就有多少的「喜歡」，

有多少的「喜歡」就有多少的光輝，

我「喜歡」帶給我這個人生的「喜歡」。

只要有「喜歡」，人就不會走偏

「好き」という気持ちが持つパワーは無限大。

その「好き」が人に対してであれ、モノに対してであれ、何に対してであれ。

私はいつだって「好き」という気持ちを、一番大切にしている。

人が「好き。」だから人と関わり、出会いを大切にする。

ダンスが「好き。」だから踊る。だから学ぶ。

「好き」という気持ちがあるから、そこに人が集まり、輪ができる。

「好き」という気持ちは、人を強くさせる。

「好き」という気持ちは、人をワクワクさせる。

「好き」という気持ちがある限り、人はブレない。

私はバトンが「好き。」だからバトントワラーになった。

大好きなバトンを伝えたい。だからプロになった。

もっと世界中の人にバトンを知ってもらいたい。だからアメリカにきた。

「好き」という気持ちはいつだって、私に夢や希望を与えてくれる。

みなさんの「好き」はなんですか？

人の数だけ「好き」があり、「好き」の数だけキラキラがある。

「好き」が与えてくれるそんな人生が、私は大「好き」です。

山口恵

舞棒競技選手 ——— 日本

曾依婷

行政專員————新北

成就他人也是一種成就

最好的身教
素晴らしい手本に

我是職業婦女，每天都在工作與家庭之間，日復一日來回穿梭著。

在女兒出生後，總是在思考我要如何給她最好的身教，教育是很深的一門學問。

曾經為了夢想，從一個不是科班出身，為了進入藝術領域奮不顧身，花了很多時間學習，那時每天都覺得追求夢想是很幸福快樂的事情，而且從不覺得辛苦，在歷經求職碰壁不得其門而入，也曾經遇到面試官和我說「妳，我沒辦法救」。到後來，終於進入相關行業後當然也不是都一帆風順，但仍樂在其中。

一直到現在，還是很想和當初這位面試官說：「謝謝你沒救我，因為我早已擁有拯救他人最好的能力。」

即便後來離開了，即便知道興趣不一定能當飯吃，但那又有什麼關係。人生只有一次，能走過這一回，已心滿意足，能讓自己發光發熱就是最好的地方。

想把自己的故事記錄下來，在未來女兒長大後繼續說給她聽，期望她成為一個快樂自在、熱愛生活的人。希望能藉由自己的故事，讓女兒在未來多了一份追求夢想的勇氣。

成就他人也是一種成就，我想這就是我最好的身教。

私は仕事と家庭の間に挟まれながら、日々を過ごすキャリアウーマンです。

娘が生まれてからというもの、自分はどうやって娘のいい母になろうかと常に考えています。子育ては、深い学問のようなんです。

昔は夢を叶えるために、清水の舞台から飛び降りる覚悟で、ひたすら芸術関連の勉強に明け暮れていました。あの頃は、夢を追いかける毎日。有意義で幸せでした。辛いと思ったことはありません。失敗が重なる就活では、「君は助けようがないね。」と面接官に言われたこともあります。その後、希望した職に就くことができましたが、順調とは言えませんでした。ですが、それでも楽しんでいました。

今でも、あの時の面接官に言いたいです。「私を受け入れなかったことに感謝しています。あなたにとって助けようがない私は、他人を救う立派な力がある。」

興味だけでは、生きていけない。しかし、これはこれでいいのではないでしょうか。たった一度の人生を経験できれば、わたしは満足です。自分を輝かせる場所こそ、私のステージです。

これからも自分の経験を記録し、いつか大きくなった娘に語り継ぎたい。娘が自由に、暮らしを楽しむ人間になることを望みます。自分の人生を糧に、娘に夢を追いかける勇気を与えられたら本望です。

私は、娘にとって最高の手本になります。

擴展
広がり

我的人生是一連串的擴展。

離開日本的家鄉，嫁來臺灣，到今年爲止已經 22 年了。我是在美國交換學生時認識了臺灣的先生，也因此知道臺灣這個地方。這 22 年在這個天氣跟人情都非常溫暖（有時很熱）的異國之地—臺灣，擴展了我的人生。

我漸漸地開始會說中文，跟很多的貓狗一起生活，一邊從事翻譯相關的工作，一邊透過臺日喜歡和服的同好會接觸日本文化，還開始練習合氣道，並且再度拿起畫筆重拾兒時的繪畫興趣。

透過 Facebook 的繪畫社團認識了越來越多喜愛作畫的朋友，也開始參加藝術展覽，終於在 2017 年底舉辦人生第一場個展。

我的畫的主題大多是一起生活的貓狗們，大多數的動物無論怎麼樣都會比我們早離開這個世上，因此我想以我的方式將牠們的身影保留下來。 我的人生透過繪畫而得到擴展，今後我也會繼續期待新的擴展，然後繼續畫下去。

私の人生は、広がり。

生まれ故郷の日本を離れ、台湾に嫁ぎ、2019 年で 22 年。大学の交換留学先のアメリカで台湾人（今の夫）と出逢い、初めて台湾を知った。この 22 年、気候も人情も温かい（時に熱い）異国の地、台湾で、私の世界は広がりをみせた。

中国語も徐々にできるようになり、たくさんの犬猫と暮らし、翻訳関係の仕事をしつつ、日台の着物好きが集まるサークルで日本文化に触れ、合気道を初めた。そして、小さい頃から好きだった絵を描くことを再開。

Facebook のスケッチサークルを通して絵の仲間もどんどん増えた。アート展にも出品し、ついに 2017 年末には初の個展を開催できることになった。

私の絵のモチーフは一緒に暮らす犬猫を中心に動物が多い。動物はどうしても人間より早く逝ってしまう。私はそんな彼らの姿を私なりに残しておきたいのかもしれない。絵を通してまた広がる私の人生。これからも新たな広がりを楽しみながら、描いていこう。

我的人生透過繪畫而得到擴展

宮原千佳子

插畫家—————日本

彭志宇

氣象主播—————新竹

當全身細胞都在尖叫
全細胞の叫び

當全身細胞都在尖叫，你有想像過那是什麼聲音嗎？

第一次舉起麥克風，是在故宮博物院前。很單純的路邊訪問，手裡的麥克風，變成試膽重量，眞是出乎意料地沉。從舌尖豁出去的，是嘗試的抖音。

第一次 SNG 即時播報，是在太魯閣火車出軌意外。救災現場很混亂，我的思緒也沒好到哪去。當倒數結束，只留下掩飾慌張的，假裝鎮定的播報聲。

第一次氣象播報，要問我講了什麼，我還眞的說不出來，因爲我記不得聽不見。耳邊異常響亮的，只有跳上喉頭的心跳聲，噗通噗通。

第一次造訪蘭嶼，因爲天坪颱風重創，要跨越凶浪，挺進殘破的島，靠的是漏夜守候的直升機。這場冒險的聲音，我想是升空的轟轟聲。

對我來說，這就是全身細胞的喊叫。高聲低頻，點滴音律，串成我的記者人生。

我是記者，我也記著。今年我 31 歲了，在被時光前推的路上，我期待，人生的 B 面第一首，但這些音律，都是我的築夢腳步聲，點記在，我的人生音樂盒裡。

全身の細胞が叫んでいる。あなたは、どんな音か聞いたことがある？

初めてマイクを持ったのは、故宮博物館の前だった。ごく普通の街頭インタビューだったが、手にあるマイクは、まるで自分の度胸を試すかのように重たくなっていた。舌先から滑り出したような言葉は、何かに怯えているように、震えていた。

生中継を最初に担当したのは、花蓮のタロコで起きた列車脱線事故。現場は、パニック状態。私も同じくらい混乱していた。中継のカウントダウンが終わり、そこに残ったのは、動揺する自分を隠すために冷静を装う放送の声。

天気予報を担当した初回は、正直、何も思い出せない。空白の時間と、何も聞こえない耳。なにかが、響いていたのは、ただ喉に上がってきた心臓の鼓動の音。

激しい高波を乗り越え到着した、蘭嶼。台風の災害を受けた島内に突入するため、深夜、ヘリコプターに乗り込む。この一種の冒険のような状況を、離陸するときのエンジン音が騒ぎ立てる。

私にとって、これらが、全身に張り巡らされた細胞の叫びである。高い音、低いリズム、すべての音が積み重なり、ジャーナリストの人生を奏でる。

私は記者である。同時に、自らも記録する。今年、私は、31 歳だ。時間に背中を押されて前に進んできた。今は B 面に収録されている一曲目は、一体どんな音なのかと期待している。これらのリズムは、すべて夢を築いているときのメロディーであり、足音。人生という名のオルゴールに記録され、生き続けるんだ。

歸鄉
帰郷

兩個女生拖著自己的行李箱走了進來，眼眶紅腫還泛著淚光。「他們有沒有對妳們亂來？」我緊張地問。兩人搖頭不語。倒是後面手持著步槍的波蘭士兵大吼：「Only English!」（只能講英文！）

我們三個比鄰而坐，正對面站著目光銳利如鷹的波蘭士兵。命運的捉弄，四個人的人生就在這狹小的房間裡交錯。我們之中沒有人敢發出絲毫聲音，窗外則是大雪放肆地飛舞著，如坐針氈。彷彿過了一世紀那麼久。突然，士兵身後的門被打開了，一位肩上掛著共六顆星的軍官走了進來，滿是濃厚的波蘭腔英語說道：「OK, you're not Chinese. And your country Taiwan does have office in Warsaw. However, you still cannot enter Poland – you need Polish visa! The Schengen visa is only for Russian.」（沒問題了，你們不是中國人，你們的國家臺灣在華沙有辦事處。不過，你們還是不能進入波蘭，你們需要波蘭的簽證，申根簽證只能在俄羅斯使用。）

10 分鐘後，我們被載回了波蘭與白俄羅斯的邊界。我們的腳還沒踩到地上，兩名全副武裝且面色凝重的白俄羅斯邊界士兵立刻衝了上來，其中一位用俄語大聲問：「Что случилось ?」（怎麼了？）。我們在大雪中花了好一番工夫才讓他們相信我們不是被波蘭拒絕入境中國的偷渡客，而是三個因爲簽證問題去不了歐洲旅行，被迫返回白俄羅斯的臺灣留學生。

一個小時後，我們三個人被士兵塞進了一台老舊的廂型車，車上的白俄羅斯人直盯著我們看，士兵似乎是生平第一次看到亞洲面孔。就這樣，在暴風雪中，我們的廂型車緩緩前行。都是歸鄉，他是回家，我們三人則是遣返回俄羅斯。

2006 年初的冬天，一次永生難忘的歸鄉。

伊凡尤命

俄文教師與翻譯————臺北

四個人的人生
就在這狹小的房間裡交錯

二人の女性が自分のスーツケースを転がし、部屋に戻ってきた。目が赤く腫れている。涙がこぼれ落ちそうだ。「何かされた？」、二人とも頭を振って何も話さない。私たちを見張る銃を持ったポーランドの兵士は怒鳴った「Only English!」

私たち3人は、横並び座る。正面には、鷹のような鋭い目で監視する兵士。運命の悪戯は、この狭い部屋に四人の人生を交錯させた。誰も声を出すことはできない。窓の外は、雪が舞っている。寒さのあまり、針のむしろに座っているような気分だ。まるで一世紀が経ったような時間が続く。突然ドアが開き、肩に6つの星がついている士官が入ってきた。強いポーランドなまりの英語でこう告げた。

「OK, you're not Chinese. And your country Taiwan does have office in Warsaw. However, you still can not enter Poland – you need Polish visa! The Schengen visa is only for Russian.」

10分後、ポーランドとロシアの国境に送還された。足は地面についていない気分、まるで浮いている。険しい表情の武装したロシア兵士が大雪の中、駆けつけてきた。ロシア語で「Что случилось?」（どうしたの？）と質問を受けた。私達は入国拒否された中国の不法滞在者ではなく、ビザの関係で入国を断られた理由を必死に伝える。どうしようもなかった。ロシアに戻る台湾留学生だと信じてもらえるように説得をした。

一時間後、わたしたちは古いワゴン車に乗る。ロシア兵士には、まるで初めてアジア人を見るかのような視線を浴びている。大雪の中をゆっくり前に進む。みな同じ帰り道、だが、私たちはロシアに送還と言う現実を噛みしめる。

2006年の初冬、永遠に忘れられない帰郷。

勇於接受生命的挑戰
把跳舞的美好分享給其他人

為舞而生的人
舞うために生きる人

陽光、空氣、水，是人類生存在地球上不可或缺的三要素。但對我來說，還必須加上第四個要素，那就是「舞蹈」。

舞蹈之所以讓我如此癡迷，除了跳舞總能讓我獲得無上的快樂之外，也因為舞動身體能讓我進入一種心流狀態（Flow）。全神貫注地感覺自己身上每一吋肌肉的收放，意識到每一個呼吸，雜念全被拋到九霄雲外，宛如外面喧囂的世界從不曾存在。此時此刻只有我在與自己的身體對話。最喜歡大跳時飛騰在空中的感覺，感受到空氣劃過我流汗的肌膚，彷彿滯空的瞬間即是永恆。

在練舞這自我追尋的過程中也曾感到倦怠，對未來感到迷惘，不知道自己為何而舞，感覺就快要被黑暗給吞噬。不過度過那些生命的黑夜，我才發現風箏不是隨風狂舞，而是逆風而上。正是因為那些挫敗才讓我意志更加堅定，讓我更加堅信舞蹈就是我一生的志業。期許自己未來的日子也能繼續懷抱熱情，勇於接受生命的挑戰，並把跳舞的美好分享給其他人。

太陽、空気、水、この地球上で人類が生存する為に欠かせない三大要素だ。しかし、私にはもう一つ重要な要素がある、それは、ダンスだ。

舞台で舞う時間には、無上の喜びが溢れている。身体を動かし無心状態に入る。全身の筋肉の動きに集中し、呼吸を意識する。それはまるで、雑念を追い払い、外の喧騒の世界でさえも存在させない、無。身体と意思疎通を図るのは、己だけ。高く舞う、これもまたダンスの醍醐味だ。熱気は空気に汗を生み、私の肌を滑っていく。空中に止まった瞬間はまるで永遠のよう。

ダンスの練習、特訓という自分を探す過程に疲労を感じた日があった。将来に悩みや迷いを抱え、自分は何のために舞台に立つのかと葛藤する時間。あのときは、闇に飲み込まれそうになっていた。しかし、私は生命の暗闇を乗り越えた。凧は風の流れで大空を舞うのではない、風に逆らっているんだ。挫折があるからこそ、自分の意思を固めることができる。ダンスは人生の宝物。私は熱意を懐に抱え、未来に待ち構えている挑戦に向き合えるようになりたい。人生の挑戦に対して、勇敢に立ち向かう。そして、ダンスの楽しみをもっとたくさんの人と分かち合うんだ。

我

私

「人生短暫如浮雲！」我的人生雖非精彩萬分，但卻充實不悔。

日語有句諺語「一度も登らぬばか（原文為『富士山、一度も登らぬ馬鹿、二度登る馬鹿』意即：沒有爬過富士山的是笨蛋，爬過兩次的也是笨蛋。）」。登上富士山頂看到日出的那一刹那，了解了「天下無難事、只怕有心人」，任何事如果不鼓起勇氣去嘗試，就永遠不會知道世界有多寬廣、自己的潛力有多無窮。所以，凡事都不畏縮不前、努力去做。遭受挫折，從挫折中學習成了我人生的一部分。

金子美鈴的詩中有句「みんなちがってみんないい（大家都不同，大家都很好。）」，是我在求學時學到的座右銘。人生而平等、沒有誰優於誰。面對不同於自己的人時，不可用有色的、批判的眼光去看待，而是要站在對方的立場去思考去看待，每個人都一定有屬於自己的特色。這是我在工作中，時時刻刻提醒自己的話，期望自己在面對每個人事物時，都能秉持這個理念，為自己的夢想、社會盡一份微薄之力。

「人生は、ひこうき雲のように、儚いものである。」私の人生は非常に素晴らしいとは言えないが、充実し、悔いがないとは言える。

日本には「一度も登らぬばか」という言葉がある。富士山の山頂に登り、ご来光を拝んだ瞬間、やる気がありさえすれば世の中に不可能はない、と分かった。どんな事でも勇気を出して試さないといけない。そうでなければ、世界がどれだけ広いのか、自分の力はどれだけ無限にあるのか、永遠に知る機会は訪れない。すべてを恐れず前に進む。どんな事でも努力し、やってみる。挫折したら、失敗から学ぶ。これは私の人生の一部になった。

金子みすゞの詩に「みんなちがってみんないい」とある。それは私が学生のときに心得た座右の銘だ。人生は平等であり、だれが優秀なのか、ではない。自分と異なる人と接する時、先入観且つ批判的な眼差しで物事を見てはいけない。きちんと相手の立場に立って考え、物事を見る。私が仕事をしている時、すべての人には特別なものがあると常に自分自身に言い聞かせている。すべての人、すべての物事に向き合うとき、この姿勢を貫きたい。自分の夢にも、社会にも、わたしの力で貢献したい。

人生而平等，
沒有誰優於誰

邱俞援

大學教師————————臺中

「人生啊，
不就是生命與生命間
觸碰出來的時光？」

林佳穎

部落客————————南投

淡然

大部分的人生都是這樣——快樂很類似，悲傷卻超過萬種層面。我並沒有特別難忘誰。若非要從平坦的人生裡挑出一段皺褶，那就要回到 4 年前。

「我們先分開吧。」就像強迫夏天趕快結束般，他用潦草的離散揭開下段嶄新的戀情，卻把我扣留在句號之前。正因為不希望老派言情小說的劇情在人生中真實地上演，因此我開始在網路上寫作，把疼痛虛擬成別人的故事，也為回憶找個適合安頓的地方。儘管慢慢地累積了粉絲量、得到不錯的迴響，卻還是難免被惡意中傷，尤其來自他劈腿的對象。可是，再怎麼排山倒海的委屈，有天也會變得不痛不癢。就像我現在已經可以用最輕的口吻，回顧被重擊的所有當下。

我踏上日本，繼續打拚夢想。人生啊，不就是生命與生命間觸碰出來的時光？誰都有可能在與另一人相遇後，讓從此變得再也不一樣。如果把生命拉長成一部長篇小說來看，那麼失去或擁有的，都僅是段落中的某一行。要不要改變結局、怎麼影響，只有掌握在自己手上。

大半の人生は同じだ。喜びは類似する。けど、悲傷には万種の形がある。私には特に忘れられない人がいない。しかし、もしどうしてもこの平たい人生から一つの折り目をつけるならば、4 年前までさかのぼる。

「とりあえず別れよう。」まるで夏を早く終わらせようとするかのように、彼はこの雑な別れ方で次の恋愛を始めた。しかし、私は句点を書く前に一呼吸置いた。古臭い恋愛小説のような出来事を自分の人生で上映させないために、私はインターネットで心の文章を執筆に着手し始めた。自分の苦痛を他人事みたいに書いた。記憶に居場所を与えたんだ。いつしか、視聴者が増え、反響も生まれた。もちろんたまに、中傷に関する書き込みもある。しかし、物事はいつか忘れる。そして、私みたいに無頓着な口調でひどく傷つけられた当時のことを話すことができる。

私は訪日し、引き続き夢を追う。人生は命と命のぶつかり合いで生まれる光なんじゃないかな。誰でも、誰かとの出逢いで人生が大きく変わる可能性がある。もし人生を長編小説で例えると、失くしたもの、持っているもの、全ては段落の一行に過ぎない。結末をどう変えるか、自らにどう反映させるのか、全部は、自分次第だ。

螺絲釘

ネジ

第一次面對火場的高溫，還有伸手不見五指的環境，對於我這個初畢業的小毛頭，我雙腳顫抖。第一次面對一場無情的車禍，讓兩個人天人永隔，妹妹已經撒手歸天，我安慰著嚎啕大哭的姐姐，心裡的眼淚卻也下著場大雨……。第一次面對 70 歲的阿婆因為窮困，丈夫、小孩都離她而去，而吞安眠藥想跳河自殺，被路人拉了下來。我與我的夥伴載她到醫院，我偷偷塞了一千塊給她。我知道可能無法幫助她太多，但至少在那一天，她心裡的溫度是溫暖的。

我是臺灣的消防員，也是緊急救護員。

那年我 20 歲，因為父親的期許我誤打誤撞地踏入消防員的生活。我跟一般人一樣，面對未知的事情會充滿恐懼，面對旁人失去親人的無助會充滿失望與悲痛……。我想做多一點，卻常常好像徒然無功。我沒有辦法做到燃燒自己、照亮別人這麼偉大，我也只是平凡人。但如果遇到有人需要我的時候，我會義無反顧，到現場為他挺身而出，哪怕只是一點點的心理支持或是安慰。我知道這些簡單的動作，可以在這關鍵的時刻，拉人一把。我只是這個社會一顆小小的螺絲釘，但我很甘願，因為我知道這個螺絲釘，會讓社會人與人之間的關係還有信任更上層樓！

火事現場に初めて遭遇したときは、五本の指が見えないほどの状況下であった。卒業当時の新米な私、両足の震えが止まらない記憶は忘れられない。交通事故の現場に初めて遭遇したときは、被害者の妹さんは既に亡くなっていた。姉妹の突然の別れ。大声で泣き叫ぶ姉を慰めるわたし、自分の心にも大雨が降っていた。貧困で夫と子供達が皆離れてしまった 70 歳のおばあさんは、睡眠薬を飲み川に身を投げようとしたが、通行人に救われた。同僚と私は病院まで見送り、おばあさんに 1,000 元を渡した。どうしたらいいのか、助かる見込みは少ないが、あの日くらいは、彼女の心を温めたいと思った。

私は台湾の消防士であり、救急救命士でもある。

20 歳になったとき、父親の期待に沿って何となく消防士の道を選んだ。しかし、わたしは他人と何も変わらない、未知のものに怯え、目の前で家族を失った絶望と無力に度々気を落とし、悲しむ。人々を助けたい、しかし、無力さを痛感する日々。蝋燭が身を減らして人を照らすような立派なことはできない、ただの平凡な人間だ。だが、もしも誰かに必要とされるならば、わたしは何事にも恐れず勇敢に立ち向かう。時に、ひとは誰かが近くにいるだけで安心するだろう。それは、仕事としては大したことではない、肝心なことでもない。ただ、このシンプルな思考でも人を救うことができると信じている。私はこの社会の小さな一つのネジ、家族の輪を守り、人の繋がりと信頼の絆を結ぶことができるんだ。

有人需要我的時候，
我會義無反顧挺身而出

林俊宇

消防人員————南投

鐵鏽與汗水交織的味道

是能讓我安心的氣味

馮博彥

工程師————————高雄

23 度的寂寞
23 度の寂寞

一如往常車水馬龍的道路，是我一覺醒來後隨即映入眼簾的景象。對的！這是竹科的日常，是我上班的每一日必須經歷的例行公事。

很多人問我爲什麼會選擇半導體產業這樣類型的工作，是想達成個什麼樣的偉大理想抱負抑或是盲目地跟從前人的腳步進入這樣的產業？不！我的答案相當直接了當，就是——「錢」。一個可以滿足我對物質慾望的途徑。然而在科技業工作不完全只是金錢上的滿足，歡愉的背後其實充滿了人情冷暖，在園區的工程師，外人看來是人生勝利者，但說穿了只是另類的黑手罷了。

氣溫 23 度，濕度 42 度，我宛如溫室中的花朵，外界的風雨與我毫無干係。然而爭權奪利下的風暴，我卻無法逃離而遍體鱗傷。斑駁的無塵服上，鐵鏽與汗水交織的味道是能讓我安心的氣味——一個不愧對我自己努力過的證明。其實我與園區內的高薪工程師並無不同，盼望著離開這樣的環境，只是我仍在尋找一個能夠離開的理由。

往来が盛んな道路、これは目が覚めた直後に目に入る光景。そう、新竹サイエンスパークに勤める会社員の日常だ。通勤者の日々に必ずある、決まり事。

半導体の業界を選んだ理由？どんな偉大な理想と抱負を持っているのか？それとも、前人の足取りに疑いなくして、この産業に入ったのか？全然違う。率直に言うと、「お金」のためだ。物質的欲求を満足させることができる一つの道。しかし、この企業に勤める理由は、何も金銭の満足のためだけではない。楽しさの裏側に、実は人情味の冷たさと暖かさがある。サイエンスパークに勤務するエンジニアと言えば、他人から見ると人生の勝者かも知れないが、実際はただの機械修理。

気温 23 度、湿度 42 度、わたしは、まるで温室に咲く花だ。外の風雨と私は全然関係ない。しかしながら、内側の権力争いは回避不可、全身は傷だらけ。ボロボロの防塵服にこびりついた鉄錆と汗の匂いだけが私を安心させる。これは、仰いで天に愧じずだ。努力した証。正直のところ、この工場で働く高給エンジニアたちと私は異ならず、この環境を離れることを待ち望み、離れる理由を探している。

每一件事的發生，一定都有它的道理

呂伊婕

網路小編————新北

無法複製的自己
コピーできない私

這個小小的故事，要追溯到許多年前我在學生時代，曾經是個小小的追星族，卻沒想到「追星」這件在許多人眼裡看來很無聊、瘋狂的事，卻開啟了我的另一個人生。在追星的過程中，我從一個小小的粉絲，直到成為那位公眾人物的臺灣後援會會長。這些過程所發生的每一件大小事，都是我完全意想不到的。

例如：創立後援會微博後沒多久，就被自己所喜歡的公眾人物關注；也因為成為了會長，而認識了許多臺灣各地一起追星的「夥伴」們，我們除了一起舉辦過各種網路活動外，也會時不時關心彼此並分享生活點滴。因為踏上了追星這條路，讓我認識了更多與眾不同的朋友，更透過舉辦網路活動與電視臺有過不少次的合作經驗，豐富了我整個學生時代的人生。這些都是在「追星」的過程中而有的特別經驗，卻意外地讓我發現了自己真正想做，且能真正發揮自我的一片天地——「網路小編」、「網路活動規劃」。現在的我，正準備走向「網路」的世界裡工作，把自己所得到的珍貴經驗，成為自己的工作，融入到自己的生活中，成為我人生最重要的一部分。我深信，每一件事的發生，一定都有它的道理。

或許某一天，你曾經做過的一件微不足道的小事，有一天，它就會成為你人生中最重要的大事，讓你的人生增添許多不同的色彩，創造出一個無可取代、獨一無二的自己。

この小さな物語は数年前、私の学生時代にまで戻ります。私は駆け出しのアイドルの追っかけに明け暮れていました。追っかけは、人々にとって退屈で無意味なことかもしれませんが、私にとってはもう一つの人生を開いたきっかけです。あの頃、一ファンから、そのアイドルの台湾後援会の会長になるまで。この期間に出逢った一つ一つの大小異なる出来事は、全く予想もできませんでした。

例えば、後援会の微博（ウェイボー、中国におけるSNS）創立後間もなく自分の好きなアイドルからフォローされました。会長へ就任した為、台湾各地にいる仲間たちと繋がり、一緒に追いかけました。私達は共にインターネットのオフ会を開催する以外にも、時々生活の興味を共有し合いました。この道に足を踏み入れたお陰で、友人も増えました。ネットイベントの開催を通し、テレビ局と協力した経験もあります。こうして、わたしの学生時代と人生を豊かにしました。全ては追っかけがくれた特別な経験です。意外なことに、自分が本当にやりたいこと、また長所が発揮できる企業、ネット広報及びネット活動の企画に出逢うこともできました。現在はネットの世界で働き、今まで得た貴重な経験を活かし、重要なことを担う存在になりたいと考えています。全てのことには理由があると信じています。

もしかすると、過去に行ったつまらないことでも、人生の中で最も価値があることになり、人生に豊かな色彩を加え、かけがえのないユニークな自分を創造することができるかもしれません。

和田彩子

串珠工藝創作者 —————— 日本

一直以來我的身上總是帶著很多的東西，那些東西是用來保護自己的盔甲跟武器。

這些社會的價值觀，還有被定義何謂「正常」的各種觀感，我們總是用這些來評量自己比別人好或是不好，明明我就只能成為我自己，但一直想著要成為不是自己的某個人，那段日子常因此感到痛苦。

但是，盔甲太重了，重到我撐不起來。後來我經歷了離婚、生病，我想，這是因為無法活出自我而接受不了現實生活中的自己的關係吧！

因為跌倒而讓我發現我抓住太多不需要的東西。人生其實可以更簡單的，把活著這件事

弄得很複雜的人其實是自己。我對此感到絕望。因此我決定把這個戰爭劃上句點。

與自己和好，不再需要盔甲跟武器，這世界其實是很溫柔的。

用心去體會那些照映在眼中的美景、空氣中的味道，仔細聆聽自己想聽到的聲音、生活中的溫暖等，發現這一切是多麼地令人喜愛，我決定將我的人生變成這個樣子。

然後，我還發現，當悲傷跟痛苦過去了，一切都會轉換成愛。那段日子的事情透過時光悄悄地告訴我，這些都已成為我的護身符。或許我的人生是一趟回歸之旅。

「人生其實可以更簡單」

回歸之旅
私に還る旅

これまで、たくさんのものを私は身に着けてきたの。
それは、自分で自分を守るための鎧。武器。

外側に向けた、常識であり、普通という平均。
誰かより上とか下とか考えて。
私は私にしかなれないのに。
私じゃない誰かに、なろうとしてなれなくて苦しかったあの頃。

でも、その鎧が重くて私、転んだの。
それは離婚だったり、病気だったり。

自分らしく生きない私が私に NO って言っていたのかな。

転んで、自分が持っていた要らないものにようやく気が付いたの。
人生ってもっとシンプルなのかもって。
生きることを難しくしていたのは私自身だったの。絶望したわ。
もう戦争は終わりにしよう。

自分自身と仲直りしたの。鎧も武器もいらない。
世界はもっと優しいはずだから。

目に焼き付けたい景色。空の匂い。耳を澄まして聞きたい音。温もり。
ぜんぶ味わうこと。すべて愛おしい。そんな人生にするの。

そしてあの頃の悲しみも苦しみも、
過ぎてしまえば愛だったりする。
それは時間差で私にそっと、教えてくれる。お守り。
私の人生、すべては私に還る旅かもしれない。

「我與祖先們第一次
接觸的瞬間」

米田太華志

學生————————臺東

開始
始まり

當阿嬤還健在的時候，媽媽經常帶著姊姊和我一起回老家。在媽媽的老家——臺東大武的生活，前前後後豐富了我和姊姊的年幼時期。大人們說的話語，長者們對孩子唱的歌謠，坐在貨車上移動時所看見的海與山，不知道爲什麼自然而然地鮮明刻畫在我幼小的心。即使回到了東京，我不曾忘記在臺東生活過的點點滴滴。

時光流逝，我成了日本的小學生，沉浸在書本的故事裡。常常到家裡附近的圖書館，找一些看起來非常有趣的書，反覆持續地閱讀。某一天，不知道想到了什麼，一時興起，試著搜尋了一下媽媽老家附近地名的書，結果找到了一本年代悠久的厚書。裡面記載著阿公阿嬤曾經住過的村落名稱，還有在當地收集到的古老傳說。

在那距離我們家鄉遙遠的大海另一端的都會圖書館裡，閱讀來自山上的祖先們傳承下來的故事。那是，我與祖先們第一次接觸的瞬間。仔細想想，現在我與大家分享的祖先們流傳下來的知識，圍繞在我身邊的每個人，還有我引以爲傲的這個身分等，或許全都是臺東的土地，以及那本書內的傳說帶來給我的也說不定。

まだ祖母がいたとき、母は姉と僕をよく実家に連れて帰っていた。母の田舎、台湾台東、大武での生活は、後にも先にも、僕と姉の幼少期そのものが詰まっている。大人たちが話す言葉、老人たちが子供にうたう歌、トラックの荷台で移動するときに見た海や山、なぜだか、この景色と自然は幼心へ鮮明に刻まれていった。東京に帰っても、台東での生活がひと時も忘れられなかった。

時は過ぎ、僕は日本の小学校に入学し、読書に夢中になった。近所の図書館へ行き、面白そうな本を探しては、読み続けていた。ある日、何を思ったか、興味本位で母の実家付近の地名が記載された本を探してみた。すると、とても古く分厚い本を一冊見つけた。そこには、僕の祖父母の住んでいた村の名前や、そこで収集されたとされる古い伝説が載っていた。

遠い遠い僕の家から離れた海の向こうにある都会の図書館で、山から降りてきた僕の先祖たちが受け継いできた物語を読む。それが、先祖たちに触れた初めての瞬間だった。そう考えてみると、今僕が共有する祖先たちの知識、今僕の人生にいる多くの人々、そして、今僕が誇りに思える自分自身のこの身分は、すべて台東の土地とあの本の伝説たちが与えてくれたものなのかもしれない。

我學到的事
学んだこと

小時候，我在別人眼中一直是一個品學兼優的好學生，從老師那裡最常得到的評語是「溫文儒雅」。長大後，人們對我的評論沒有差太多，大致上也都認為我是一輩子「從來沒有」受過挫折的人生勝利組。

我不認同這些評論。大多數的人總是喜歡從表面評論人與事物，相信他們想要相信的事。他們不會願意猜想，我在成長過程中，可能曾經也承受了許多人不必經歷的歧視、威脅、霸凌、侵犯，或甚至在夜最黑的時候也曾想過要結束一切。

我也不認為有需要辯解。人生到現在，我慶幸自己已不需要為了別人的眼光而活。我學到人生而不平等，每個人都有自己不同的人生課題要解決與面對。有的人辛苦，有的人輕鬆。成功不一定是因為努力，失敗也常常只是運氣不好。重要的是要有隨時歸零的勇氣，拍拍身上的灰塵，深呼吸，繼續向前走。

小さい頃、わたしはいつも他人から優秀且つ良き学生と言われてきた、先生からは「穏やかです。」と一定の評価も常に受けてきた。年齢は一回り大きくなったが、世間の評価はあまり変わらない、私の人生は挫折知らずな勝ち組に見えている。

僕はこの評価を認めない。大多数の人はいつも外見から人や物事を評価する。自分が信じたいことだけを信じる。僕の成長過程に、軽蔑、脅迫、いじめ、脅かされ真夜中に全てを終わりにしようと思ったことがあったことは誰も想像せず、認めもしない。

僕も弁解は不要だ。人生のなかで、他人の目を気にすることはもうやめた。わたしが学んだことは、人は生まれながらにして不平等であり、全ての人はそれぞれ人生の課題解決に向き合っている。ある人は苦労を、ある人は安楽に。成功は努力とは限らない、失敗もただ運がついてないだけ。重要なことはいつでも一からやり直せる勇気を持ち、身についてしまったホコリを振り払い、深呼吸し、前に進むだけなんだ。

要有隨時歸零的勇氣，
深呼吸，繼續向前走

劉竟偉

科技業　————　臺北

「成爲一個溫暖的人，是我人生的功課」

宮相芳

教育工作者 ——————— 臺中

傳遞
贈り伝える

那年夏天，我揹起沉重的行囊，一個人到了中國的侗族村部落進行研究。那是個非常遙遠的地方。面對陌生的人與研究的壓力，心裡有好多不安與恐懼。某個晚上，接到了來自臺灣的電話，終於按捺不住自己的情緒，哭著說想回家。

還記得，那是個有著蛙鳴的夜晚，我和村民坐在昏暗的木頭房子中。

「在這裡，我們就是你的父母，這個房子也是你的家，你現在住的那個房間，也會一直保留給你，永遠等著你回來。」

他們的話語伴隨著夏夜微涼的風，我的心也就被撫慰了。

我想傳遞生命中所獲得的溫暖。畢業後我進入教育界，希望能讓學生有更廣的視野、有自己的想法，也讓他們知道，人的一生中，會遇見形形色色的人們，有人跟你很像，也有人跟你很不一樣，學習看見別人身上的美好，傾聽別人聲音，努力讓自己成為一個溫暖的人。成為一個溫暖的人，是我人生的功課。或許我一生中所得的溫暖分量，只占了一半，但我會將它百分之百地給予學生，甚至是自己的孩子。他們將可以擁有這樣踏實的安全感，再好好將自己的溫暖與快樂傳遞給別人。

あの夏、わたしは重い荷物を背負い、研究のために一人で中国の侗族村寨に向かった。侗族村寨はとても遠いところにある。周囲には知らない人たちばかり、一人で研究のストレスと対峙し、心に不安と恐怖を抱えていた。ある日の夜、台湾からの電話に自分の気持ちを抑えることができなかった私、泣きながら帰りたいと言っていた。

蛙の鳴き声が聞こえる夜のことだ。私は村人と一緒に木製の薄暗い家の中に座っていた。

「ここにいるとき、私たちはあなたの親。この家もあなたの家。今あなたが泊まっている部屋も、これからもあなたのために取っておく。ずっとあなたが帰ってくるのを待っているからね。」

夏夜の涼しい風とともに私の心を癒す。

私は人生で得た温かみを伝えたい。卒業後、私は教育の世界に入った。学生により広い視野をもたらし、自分の考えを培ってほしい。そして、人生の中で大勢の人と出逢い、自分と似ている人、真逆の人、多くを知ってもらいたい。人のいいところを見つけ出し、人の話に耳を傾け、温かい人になるのは私の人生の課題。一生で得た温かみは半分だけでも、全部でも、自分の学生へ、そして、自分の子供へ与えたい。子供たちが得る安心感、温かみ、喜びは、更に他の人に伝えることができるのだから。

代替父親的眼
父親の目として

最炎熱的兩個月，我在醫院陪伴父親住院；然而，卻在夏季的尾聲，要欣喜迎接出院的前三天，突然面臨告別。

父親驟逝的隔日，我帶著滿懷的不甘與不捨，用最快的速度寫完告別式用的追思文。明明是如此的錯愕、無法接受，卻要寫成圓滿，每一字每一句都在心裡刻下刀痕。

但這樣忿恨不平的我，不是父親希望看到的。

在他進出加護病房的這段期間，我們每天的聊天話題，不外乎哪裡有好玩的、美味的，和父親分享我的所見所聞，讓父親對出院後的旅途充滿了期待。我也想期待，想繼續期待下去，卻已經等不到了。

於是，我修好了父親年輕時代用的老相機。這台相機擁有父母親約會時代的記憶，記錄了我與弟弟的誕生，還有許多我還不認識父親時的種種。以相機，代替父親的眼，陪伴我繼續旅行。

猛暑の二ヶ月間、私は入院している父親の看病のために病院で過ごしていた。しかし、退院を楽しみにしている晩夏に、別れは突然やってきた。

父親が逝った翌日、私は何か歯がゆいような、悔しいような、そんな気持ちと共に、追悼文を短時間の内に書き終えた。唐突で納得できないこと。しかし、円満に終えましたと記録しなければならない。全ての文字がナイフになったように私の心を傷つける。

でも、この憤怒する私の姿を父親はきっと望んではいないだろう。

父親の集中治療室に出入りした期間、私たちの話題は毎日に起きた出来事の雑談だった。殆ど、娯楽か美食の話。退院後の旅を更に期待し、豊かにしてもらうために、自分が今まで出逢った世界を共有した。未来を父と共に楽しみたい。しかし、それはもう叶わない。

私は、父が若いときに愛用していた古いカメラを修理した。このカメラには両親のデートの思い出や、私と弟の誕生日のデータも入っている。そして、私が生まれる前の記録も。父の目の代わりに、これからはこのカメラに私の旅を付き合ってもらう。

鄭穎珊

插畫家—————高雄

和父親分享我的所見所聞

如今的我會大聲說出

我是臺灣人

林金賢

外語教師————臺南

契機
きっかけ

我是臺灣人，我是一名教授韓國語及日本語的外語教師。

在學校，我們都被教導了「讀萬卷書，不如行萬里路」，然而真正體會到這句話的意思是我開始接觸這兩門語言的時候。

開始學習這兩門語言，單純只是對這兩個鄰國的歷史有濃厚的興趣。然而透過自己的語文能力了解一場豐臣秀吉發動的戰役裡中日韓三方不同的解讀時，無意間改變了我的思考模式。甚至小的時候有很長一段時間，我對學校單方面的歷史教育不曾有過懷疑，如今也開始思考「我是誰？」、「我從哪裡來？」的國族問題。

後來在韓國留學期間，剛好適逢 2014 世足，夜晚廣場前聚集的加油聲、強大凝聚感的場面深深地震撼我。但讀了從丙子胡亂到乙未事變這麼多因為外國勢力而起的事件，也就能夠理解是什麼凝聚了這個民族強大的向心力，進而對自己的家鄉有一些反思。

不敢說自己走了萬里路，至少看的世界越大思考就越多，如今的我會大聲說出「我是臺灣人」，要歸功於留學的那一段期間。我認為「國族」是所有臺灣人應該學習的一門課題，也是責任。今後，我樂於運用自己的語文能力分享、解釋給更多外國朋友知道「臺灣」這座島嶼的前世今生。

私は台湾人、韓国語と日本語を教える外国語教師です。

「万巻の書を読み 万里の路を行く」学校で私達はこう学びましたが、この言葉を真の意味で実感したのは、異なる二ヵ国の言語に接触した時でした。

習い始めたきっかけは、ただ単に隣接する国々の歴史に興味があったからです。自分の言語能力を通して、豊臣秀吉が開戦した、中日韓三方の異なる解読を理解すると、わたしの思考モデルにも変化が現れました。子どもの頃は、学校教育で長時間一方的に教わった歴史に対しても微塵の疑いはありませんでした。しかし、このところ「私は誰だろう？」「どこからわたしは来たのだろう？」そんな国の問題を考え始めるようになりました。

韓国への留学時は、丁度 2014 年ワールドカップの開催年でした。夜、広場にたくさんの人が応援に駆けつける光景と団結力はわたしに強烈な震撼を与えました。そして、丙子の乱や乙未事変のように外国からの力による事件について学習し、民族の結束力を高めた信念を理解したような気がしました。その影響もあってか、自分の国についても色々考えるようになったのです。

自分が万里の路を渡ったとは言い切れません、少なくともこの世界は、見れば見るほど発想や、視野は大きくなると思います。現在、「私は台湾人です。」と声を張れるのは留学経験のお陰なのでしょうか。"国"は、全台湾人の一つの学習課題だと感じます。同時に責任でもあると。今後も言語能力を応用し、もっと多く外国のみんなへ、台湾という島の前世と今を分かち合い、伝えていきたいです。

我愛部落
部落を愛す

33 歲一場部落環島，改變了自己的人生觀。

臺灣多元的社會結構，最豐富的，莫過於擁有 16 族不同的原住民文化。分布在臺灣頭到臺灣尾，靠山靠海的部落，隱藏著最原始、單純的模樣。今天在海拔 2,212 公尺的阿里山，達邦鄒族部落，下一站又到海拔 748 公尺的日月潭邵族部落。才驚嘆完中央山脈壯闊的雲海，轉眼又是讚嘆一望無際的太平洋，山海的洗禮，在一個又一個的部落間切換，驚呼著大自然的鬼斧神工從沒間斷過。

對生活在如此環境的原住民族來說，要在競爭激烈、顯得複雜許多的社會體制下生存，是多麼強烈的對比。社會的體制，從來都不會從少數族群的角度去設置。在時代的巨輪下，弱勢的文化往往都會是巨輪下被吞噬的犧牲者。當我們看著、讚嘆著與自身文化不同的優美，卻沒有人在乎他們是否會消失。如同各族群、區域從不間斷的部落議題一般，從來都不會是被社會群體重視的那一塊。

期許未來，能有更多人能夠更關注，因為美好的事物，是需要靠更多的力量來去保護，尤其是美麗的部落文化。部落環島的故事真的太多，很慶幸自己有勇氣走完這一趟美好的旅程，讓自己受益良多。

33 歲のとき、台湾に散らばる台湾原住民の部族を回る旅に出た。人生観の転機である。

台湾。ここは多元的な社会構造で構成され、16 族の異なる豊かな原住民の文化を持つ。台湾の北部から南部、山から海まで各地に暮らしており、原始的且つ純粋に、最も自然なあり方を維持している。標高 2,212 メートルの阿里山、達邦 - 鄒族の部落から、標高 748 メートル日月潭 - 邵族の部落も訪問した。中央山脈の雄大な雲海に驚嘆し、瞬く間に果てしない太平洋を賛美することになった。山と海の洗礼を受けながらも、一つ一つの部族に触れる。大自然の神業のような景観が魅せる感動は果てしないものだ。

このような環境下で生活している原住民は、競争が激化、より複雑な社会体制の下で生存していかなければならない。現実との強烈な対比と言える。現在の社会体制は、決して少数派の立場から定めたものではない。刻み流れていく時代の歯車に社会的弱者の文化はいつも喰い飲まれてしまう。異なる文化の美を眺めながら、わたしは原住民の文化を賞賛している。しかし、消えてなくなるかもしれないという問題に関心を抱く人は少ない。たとえ、各部族と各地区にある部落の問題が続いていたとしても、決して社会に重視される議題でもない。

未来を期待し、もっとこの議題に目を向ける人が多くなることを願う。なぜならば、素晴らしい物事は保護しなければならない。部族を回り、得た物語は数え切れない。幸い、当時の私は勇気を出した結果、素敵な旅を満喫した。人生の糧になる旅だ。

美麗的部落文化
需要靠更多的力量去保護

杜覺明

民宿主人 ─────── 宜蘭

只要能好好地愛惜
自己所屬的地方，
無論什麼時候內心都可以
自由自在地飛翔吧！

中臺聰子

專業主婦————————日本

我所在的地方
居る場所

今天像往常一樣，在住宅區中僅剩的那一小塊田地裡，一邊拔著雜草，一邊期待地看著那些充滿活力的植物。

與年輕時嚮往的那個寬廣世界相比，這裡確實是個不大的世界。

嫁到這裡轉眼間已經過了 25 年，就像這些根深柢固的植物一樣，起初有時也感到苦悶，但是不知不覺中開始接受了這個自己所在的地方，並且對於自己能夠去守護與愛這裡，感到開心。

遵循著自古傳承下來的農家作業還有祭拜儀式，在這個小小的田地裡栽種新鮮的蔬菜，庭院裡那些隨著季節不同而種下的花朵也讓人感到喜愛，跟那些為了生計而做的工作不同，這些都是我非常重要的日常工作。

從那些雖然無法移動但帶著豐富表情的植物中得到活力，聽著充滿季節感的天空的聲音過著每一天。在這個屬於自己的地方，看著在這裡生活的人們的笑容，這個世界雖然不大，但是看起來非常地討人喜愛。我想只要能好好地愛惜自己所屬的地方，就這樣過著每一天的話，無論什麼時候內心都可以自由自在地飛翔吧！

住宅街に取り残された畑の中で、伸びてきた雑草を抜きながら、今日も元気に育つ植物たちの顔を見るのが楽しみだ。

広い世界へ飛び出したかった若かりし頃から考えると其処はとても小さな狭い世界なのかもしれない。

嫁いで既に 25 年以上が経つ。最初は植えられた所から動けない植物のような息苦しさを感じたりもしたけれど、いつのころからか、居る場所を受け入れ、その場所を守り、愛することに喜びを感じるようになっていた。

古くから続く農家の伝統行事や神事を守り、小さな畑で新鮮な野菜を育て、庭に植えた季節ごとの花々を愛する。生きていくための生業とはまた別の大切な私の仕事。

動けないはずの植物たちの表情の豊かさに元気をもらい、季節を感じながら空の声を聴いて生活する。自分の居るべき場所で、そこに生きる人々の笑顔を見ていると、その小さな世界はなんて愛すべき世界なんだろうと思う。居るべき場所を大切にして生きていれば心はいつだって自由に飛んでいられる。

我是個三壘手
私は三塁手

接觸棒球那一刻起，似乎就告訴我，我與棒球密不可分。棒球帶給我喜悅、悲傷、淚水與血汗。但這些讓我更愛不釋手，棒球帶給我的不只是表面的酸甜苦辣，還有人生的意義。棒球能讓我體會人生高低起伏，讓我不懼怕任何失敗，因為它也教我如何面對失敗，所以我一直在失敗中學習成長，邁向成功。

棒球是個團體運動。我十分享受團隊運作過程，各種與隊友之間的默契搭配與在球賽中贏得勝利的果實，這些都是棒球迷人之處。我是個三壘手，我喜歡與投手周旋，在打者與投手之間需要速度、力量的展現，也必須和投手鬥智，享受著把球打出全壘打的完美弧線。

我是統一獅內野手郭阜林，對棒球執著，著迷於棒球帶給人的熱血與魅力。

你，怎能不愛棒球呢？

野球に触れた瞬間、野球とはもう離れることができないと気づいた。野球はわたしに歓喜、悲傷、涙、そして、血と汗をもたらした。しかし、これこそが、野球をさらに手放せなくさせるものだ。野球がわたしに教えたことは表面的な辛酸甘苦だけではない、人生の意義も含まれている。野球をすることで人生の浮き沈みを経験することができた。失敗を恐れず、どうやって失敗と向き合うかを学んだ。常に失敗から多くのことを学び、成長し、成功へ向かってきた。

野球は団体競技だ。仲間とのチームワークで試合をこなし、優勝を勝ち取りにいく。私にとって、このスポーツの魅力だ。私は三塁手。打者と投手の間に生まれる速度と力量、投手と常に知力を争う空間、また、素晴らしい弾道を描くホームランを打つこと、全ては、わたしの好きなことだ。

私は統一ライオンズの内野手、郭阜林。野球に対する私の熱意、そして、野球が人に与える情熱と魅力。

あなたが、野球を好きにならないわけがない。

棒球讓我體會人生的高低起伏，
不懼怕任何失敗

郭阜林

棒球選手—————臺南

「一個治療他人身心，並能自我療癒的選擇」

哉哉

園藝師————臺北

花開
花開く

你一定不會知道當你親口跟我說，醫生診斷你是憂鬱症患者的時候，我有多希望自己大學念的是心理系；我也沒有料想到，原來當初的選擇，在這麼久以後的將來，可以成為治療他人身心，更足以自我療癒的事情。

大自然賦予人類的強大力量，是人類無法去想像出來的美好，然而你所回饋的，卻僅只能是為她深深著迷。

美好的生活本當是我們可以擁有，如果我能做些什麼，讓人不再奢望假日就飛奔郊外踏青，遠離都市喧囂。

因此，許許多多生活中所帶給人們無法喘息的壓力，在我親眼目睹、親耳聽到其轉變成微笑及讚嘆之後，更加堅信著、同時也更堅定地要用雙手去創造出更多美麗的風景。

我永遠都不會忘記第一次親手剪下，從播種開始就細心照料的那朵燦爛：「我明白了，它不單是工作，它從出生到花開的過程，全都是我的人生。」

あなたは絶対に知ることはないでしょう。あなたの口から、うつ病患者だと言い渡されたときのことを。大学での専攻は心理学だったら良かったのかな。

想像だにしなかった、その時の選択が、遠い未来で人の心を治療し、自らをも癒すことになるとは。

大自然は人類に強大な力を与えた。それは、人間が想像を越える素敵なこと。

しかしながら、あなたが根源的なものに戻るには、ただ物事に夢中になったときだけ。

私たちは本来いい生活を送ることができる。もし私に何かできることがあるなら、ひとを都会の喧騒から離すことができたら。

生活が人を苦しみ、様々なストレスをもたらす。しかし、それが笑顔と感嘆の声に変わったのを実際みたとき、自分の手でもっとたくさんの綺麗な景色を作り出したいと強く思った。

私は永遠に忘れない。自分の手で採った種を蒔いてから丁寧に育てる、その美しくきらめき、輝くさまを。わたしは知っている。これはただの仕事ではない。芽が出た瞬間から開花まで、すべてが私の人生。

爺爺我的人生很長啊。

我在大正年間出生，今年已經 93 歲了喔！

生長於軍國主義時代，家裡有九個小孩，我是四男。長男跟三男死於戰爭，到現在還活著的只剩兩個人。

要說到現在都還讓人難以忘懷的事的話，我想還是從軍時的那段日子吧！我記得，我隸屬於金澤 22605 部隊的東部軍艦衛生教育隊，一直在那待到戰爭結束為止。

那是一個買不起想買的東西，生死一線間的時代，年輕人不遵守規則就無法活下去。大概就是這樣吧！

真是充滿波折的一生啊。

爺ちゃんの人生は長いで。

大正生まれの 93 歲だもんでな。

わしは軍国主義の時代、九人兄弟の四男。

戦争で長男、三男を亡くして、今では二人しかおらん。

忘れらないのは、やっぱり兵隊の時代だな。覚えておる。金沢 22605 部隊の東部軍艦衛生教育隊に所属、終戦まで訓練したなぁ。

買いたいもんも買えんし、生きるか死ぬかの時代だったで。若者はルールを守って生きていかないけん。それくらいだな。

波瀾万丈の人生だった。

我的人生
わしの人生

說起來眞是
充滿波折的一生啊！

小林政信

爺爺————日本

惟有珍惜一切的發生，才能體會生命的眞正美好

黃世丕

咖啡店老闆————臺北

夢想
夢

誤認……開一間咖啡館是此生的夢想。

那一段青澀的歲月，喝咖啡仍屬附庸風雅的年代，對於站在吧檯咖啡師傅煮咖啡的動作神情，有種莫名的著迷，那一股帥勁的模樣吸引著我。正處於工作生涯瓶頸的我，遂轉換職涯跑道，選擇了當時剛進入臺灣市場的日本咖啡連鎖店。在單純的環境中開始了我與咖啡的緣分，專注學習一位咖啡師該有的本質學能，同時也朝著開店夢想前進。雖是一份微薄的薪資，卻也全力以悅。身體因工作疲憊，心情卻因踏實而愉悅。

有著藝術家性格的我，從職場到自行創業，陸續開了幾間不同型態的咖啡店，反映著每個階段的自己，總是與市場接軌有所落差，當然現實一直考驗自己的意志，挑戰自我的決心，學習面對問題。一路走來，看見不足的自己：有任性、有逃避、有迷失、也曾放棄，但身邊許多認識的顧客友人、共事的夥伴、還有家人，始終給予支持、認同、包容，讓這些經歷滋養圓潤我生命的厚度，增添我咖啡的色彩。

如今，看待咖啡又是另一番風景。在臺灣咖啡領域 26 年頭一直深信不疑，咖啡是一輩子的事業，但回首走過的路，那是生活點滴的串連，咖啡是我人生的媒介。惟有珍惜一切的發生，才能體會生命的真正美好。

光陰飛逝短暫。再回首，不負青春，不枉此生。

喫茶店を開くことが、一生の夢だと思ってたんだけどなぁ。

未熟な頃、コーヒーの嗜みがまるで美術家にでもなったような錯覚をしていた時代がある。柄にもなく、風流人ぶっていたんだろうな。バリスタに魅力を感じる。カッコいい姿に惹かれる。そして、仕事の調子がスランプに陥った当時の私は、思い切って台湾に進出したばかりのコーヒーチェーン店へ転職。単純な動機と、日々変化する環境の中、コーヒーとの縁が生まれた。バリスタとしての技術習得に集中し、開店の夢に着々と向かう。給料は安いが全力だった。身体疲労もあるが、心は充実。楽しかったな。

アート気質がある私は、異なるスタイルのカフェをいくつか開いた。お店は自分のアイデア、精神、年代が反映される。しかし、自分はいつも世間の需要とは何かずれていた。現実はずっと自分に試練を与えるんだよ。自分の決意に挑戦するかのようにね。無理難題に対して、日々向き合い、学習する。壁を乗り越えたとき、不十分な自分がまだ先に見える。わがままなわたし。現実逃避。時に、諦めたこともある。しかし、周りを見渡せば、たくさんのお客様、友人、一緒に働く仲間と家族がいる。私をずっと、支えてくれたんだ。わたしを認め、寛大に受け止めてくれた。この経験が私の人生を豊かにし、コーヒーの深みを足してくれた。

現在、わたしの淹れるコーヒーは昔と違う。コーヒー業界も 26 年だ。私はずっとコーヒーこそが、一生ビジネスの柱だと信じていた。しかし、振り返ってみると、丹念に淹れる一杯のコーヒーは、私の生活に縁を繋ぐ架け橋だ。人生で起きたすべてのことを大切にすると、命の美しさが身に沁みるのかもしれない。

時間はまるで一瞬のように過ぎていく。青春に背を向けず、人生を後悔せず。

木工的媳婦
大工の嫁

讓我難忘的，還是當年走得早的阮尪

吳英

奶奶————嘉義

我於臺灣嘉義縣吳鳳廟附近一個叫做汴頭的地方出生，家裡是做中藥店的，還有一個很小就去世的弟弟。

我念書的時候還是日治時期。不過後來因為戰爭爆發，臺灣也受到空襲的影響，幾乎每天都要躲防空洞，根本沒辦法好好念書。我對日本人的印象是非常努力、認真，還有當時治安真的很好。我是在 20 歲的時候結婚的，在那個年代已經有點晚婚了。那時候的女性還要去參加青年訓練團，我是團長，每次都站在第一排，阮尪的親戚那時看到我，很甲意我，就派人來提親。短短 20 天內，也沒見過面就這樣嫁過去了。不過那個年代的女生都是這樣嫁人的。

阮尪有 5 個兄弟姊妹，是個大家庭，身為大家庭的媳婦，每天早上 3 點就要起來煮飯，先煮中午帶便當用的，然後再煮早餐。公公非常嚴格，每次煮好飯都要先準備一份端去給他。不過婆婆人很好，都會跟我們一起吃飯。作為一個大家庭的媳婦，不僅要準備全家人的三餐，還要做家事，真的很辛苦。換做現在，我想應該大家都會落跑吧！阮尪是做木工的，大大小小的家具都會做。因為要開店的關係，我們就搬出來租了一個店面，還請了學徒。不過那個房東真的很惡劣，每個月都來催討房租，還一直問我們什麼時候要搬走。後來我們受不了，就去銀行貸款再加上娘家的資助，買下這塊當時要價 4,000 元的土地。

沒想到在我 48 歲，長女 20 歲剛嫁人的時候，阮尪就因為太操勞去世了。我一個人帶著 6 個小孩，土地的貸款也還沒還完，為了活下去，開始賣飲料還有甜粽。每天一早就去買甘蔗回來榨甘蔗汁煮冬瓜茶，小孩放學回來

就叫他們去看攤子，我再回家綁甜粽做家事。收入全都要精打細算，每天從早工作到晚，一天只有睡3個小時，好不容易才把小孩養大，還把貸款還完了。前幾年因為房子太老舊，孩子們原本考慮要賣掉，搬到附近新蓋好的房子，但是這塊土地是我努力打拚來的，我真的很捨不得，所以才改建成現在的新房子。這麼多年過去了，人生發生了許多大大小小的事，最讓我難忘的還是當年走得早的阮尪。

健康的祕訣硬是要說，就是我現在每天都會去散步吧！吃素是因為當時阮尪去世之後，有人帶我去廟裡拜拜，廟裡的人要我吃素，所以我48歲那年就開始吃素。活到現在101歲，經歷了許多事。想想「人生真的好長啊！」

わたしの出身地は、台湾の嘉義にある汁頭です。

漢方薬を経営する両親の元に生まれ、若い頃に亡くなった一人の弟がいます。

学生の時は日本統治時代。戦争勃発と同時に避難する日々。戦争は日に日に激化。空襲も激しさを増して、ろくな学習は不可能でした。しかし、日本人の印象は、全てのことに対して勤勉で真面目、戦争を抜かせば治安も良かったわ。結婚は二十歳、あの時代では遅いほうだったかしら。その時の女性は、みんな青年団に加入しなければならなかったのよ。当時、私は青年団の団長で、いつも先頭。夫の親戚は、私のことを気に入ってくれたわ、だから縁談の話を持ちかけられました。そして、たったの20日間でわたしは嫁になった。その時代の女性は、みんなこういう風にして、嫁いだのよ。

夫は五人兄弟、私は大家族の嫁です。早朝三時に起床し、家族分の料理を仕度する暮らしが始まりました。お弁当用のご飯を先に準備して、その後、また朝食の準備。嫁ぎ先の父親は厳格で、食事前は姑のために一人前の料理を必ず準備しなければなりません。姑は心優しい方で、いつも一緒にご飯を食べてくれていたわ。大家族の嫁は料理の支度だけでなく、家事も必須。本当に大変だったわ。今の女性だったら、皆逃げてるわよ。夫は木製の家具職人。自分の店を開くために、大家族から独立して、小さな店を借りていました。徒弟もいましたね。しかし、引越し先の大家さんは人が悪く、いつも家賃の支払いを催促。その上、いつ引っ越すかまで、問いただしてきたのよ。そんなこともあり、引越して一年後、父親の出資も合わせて当時4,000元で自ら土地を購入、新しい家を建てました。

長女が二十歳になり嫁へ出た頃、48歳の時、旦那が過労で亡くなりました。わたしは、六人の子を抱えるシングルマザーになった。子を養うために、女手一つで飲料水と粽（あくまき）の商売を開始。朝サトウキビジュースと冬瓜茶を作り、子供には放課後、店番を頼みました。わたしは、また家に帰って粽をつくり、家事をする。収入は全部きちんと管理し、朝から晩まで働く。毎日忙しくて、3時間しか眠れなかったわね。子供たちもやっと大人になった頃、ローンも全額返済。家があまりにも古かったから、土地を売る話もあったけど、努力して購入した土地なので、どうしても売ることができなかったわ。やっぱり、若い頃に亡くした旦那のことは忘れられないわね。

健康の秘訣は、よく散歩することくらいかしら。ベジタリアンなのは48歳の頃、お寺で「あなたは、ベジタリアンになった方がいい。」と助言を受けただけ。特に深い意味はありません。

101歳まで生きてきたわたしは、こんなに多くの時間と人生を歩んできた。「人生は長い。」その一言です。

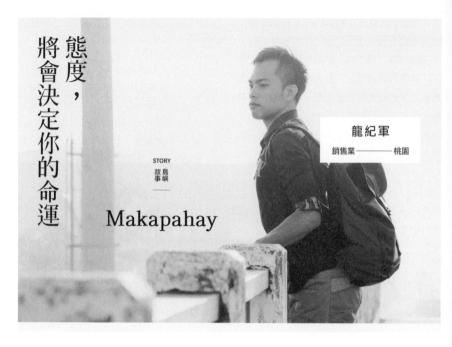

態度，將會決定你的命運

Makapahay

龍紀軍

銷售業————桃園

兩年前，我工作不遂、家人逝世、感情受挫，在這些同一時間發生的時候，竟發現我罹患癌症……。在這樣的多重打擊下，因為調適不過來而罹患了憂鬱症，常無緣由或無意識的想傷害自己。那時候的我誰也不見，想要安靜的環境，於是我搬到深山山莊居住，打從心底封閉自己與世隔絕。

有一天，我在山莊外圍的小池塘散步，看見一個老人家在凝視池邊的野薑花，脫口而出「Makapahay」。當下就像電流穿過身體一般，我拔腿狂奔，收拾簡單衣物驅車趕往臺東。路上風景匆匆略過無暇理會，我的心、我的靈魂在促使著我去那個地方。轉了幾趟車終於到達，我不顧一切地往前狂奔，行李箱的輪軸損壞就讓它壞吧！鞋子落下就讓它落了吧！手臂被芒草割傷就傷了吧！越是如此我越覺得離出口更近，越是冷靜越覺得情緒澎

湃。當我衝出沙灘的那刻，浪花也在同一時刻在礁岩上綻放。「Makapahay」我用力地喊著，隨著浪花遍遍綻放，遍遍叫喊，每喊一次就掉一次淚，把不甘心的、不願的、遺憾的通通喊出來。不知道過了多久，我發現夕陽的光輝在我身上集中，我發現我不自覺地笑了。我的心被這光輝療癒著，小馬海灘正包圍著我，我張開雙臂給自己一個擁抱，告訴自己都過去了。

看見天色漸暗，才依依不捨地離開，關於來時路上掉的，我不再回頭去撿那段從前。現在的我已不再封閉自己了，並且期許自己能有「Makapahay」的未來。怎樣的態度將會決定你的命運，因此，每每沮喪時、不知所措時，我會告訴自己：「Makapahay」。鼓勵自己給自己信心，時間很寶貴，我沒時間難過與後悔，所以在之後的日子裡，有一段時

間，在找有興趣幫我拍攝的攝影師朋友，想替自己留下回憶、留下證明。但是有一天，我在玻璃倒影裡發現，在阿勃勒樹下的自己，樹與人隨著花雨相依，那畫面美得不真實，雖沒拍下，但那畫面已在心中烙印，不再執著拍攝留念這件事了。

人生中，總會有挫折、穢暗的時候，但要相信這些不過是一時的、是能改變的。人生中總有能讓自己執著的事，但有時不是一味去做或要求就能達成的，自己舒服才是重要的。

注釋：Makapahay 為阿美族語，意為美好、漂亮、英俊的，也是祝福的意思。

二年前、仕事はうまくいかず、家族が亡くなり、わたしの心は折れてしまった。これらの不幸が立て続きに起きていた時、意外にも、わたしは癌だと宣告された。そして、ショックを受けた反動で、気持ちの整理がつかなくなり、うつ病を患った。理由も原因もなく、常に自分を無意識に傷つける。あの時、わたしは誰にも会わず、心の底から自らを閉じ込めて世の中と隔離。静かな環境を求めて、山奥にある別荘へと移居し、暮らしはじめたのだ。ある日、近所の小さな池の前を散歩しているとき、一人のお年寄りが池辺に咲いた花、ハナシュクシャをじっと見ていた。そして、いきなり「Makapahay」と口にした。わたしの身体に電流が走り抜けた。衣類を片付け、まっしぐらに車で台東へ。途中のすれ違う景色を気にすることもなく、まるで私の心、私の魂は、その場所に引き寄せられているかのようだった。到着するやいなや、無我夢中で狂ったように走り回った。スーツケースが壊れても、靴が脱げても、腕がススキの草に傷をつけられても、走れば走るほど、人生の出口に近づいているような気がする。冷静になろうとすればするほど、逆に情緒は激しくなる。砂浜まで駆け抜けたと同時に、岩にあたった波しぶきが上がる。わたしは「Makapahay」と力一杯に叫んだ。波しぶきが幾度と舞い上がり、何回も叫ぶ。涙も落ちた。反感を抱き、遺憾、無念、全てを叫んだ。どのくらいの時間が経ったのかは分からない。夕陽の光が私を照らしていることに気がつき、ふと微笑んだ。私の心は、この輝きに癒されてい

る。台東の小馬海湾も私を包むかのように、両手を広げて抱きしめ、全てはもう過去のものだと言った。

空が暗くなるのを見届け、名残を惜しんで離れる。途中で落とした物事はもう拾いには行かない。振り向かない。今の私はもう自分を閉じ込めずに、「Makapahay」の未来を期待している。どんな態度を保つかで、運命が決まるだろう。毎回気落ちする時や、どうしたら良いのか分からない時、「Makapahay」と自分に言う。自分自身を励まし、自信を与える。時間は貴重だ。

悲しみと後悔する時間がないと認識したある時期、わたしは写真家や撮影に関する働き手を探した。自分の追憶及び、証を残したいと思ったからだ。しかし、ある日、ナンバンサイカチの木の下にいる自分自身をガラス越しに見た時、木と人と花雨が互いに寄り添い合う絵が美しさを極め、真実ではないように思えた。結局、撮影はしていないが、その映像は既に心に刻印されている。もう撮影には執着しない。

人生には、いつも挫折と暗い時期があるが、一時的だけだと信じている。変えることができる。人生には、いつも深く考え込んでどうしても忘れ切れないことがある、たまには無理して願っても叶わないこともある。一番大切なのは、自分が心地良いことだ。

※Makapahay：アミ族語、美しい、綺麗、英俊、祝福という意味。

心

在這個世界上並沒有所謂的平等。

食物及飲用水難以運達的國家,每天都與生死交關的國家,那些活在戰場上的人們與我們處於截然不同的世界。不逃避悲傷。

用雙眼去看。
用雙耳去聽。
用雙手去感受。
邁開步伐前進。

正視這個世界所發生的一切,用心感受世界,重新審視生命,再繼續往前進。未來以秒為單位快速變化,這就是為什麼我人在臺灣。

每個人都有人生。但是,人生用肉眼看不到,你的家人,現在陪在你身邊的人,還有在地球另一側的陌生人,他們究竟經歷過什麼樣的故事,克服了哪些困難,才活在現在這個地方,而現在又是帶著怎樣的心情度過每一天呢?我決定將重心放在這些肉眼看不到的事物,這是我人生的要題。「了解就算不知道也可以活下去的事物,將會使你的人生變得更加精彩。」這是我母親的告誡。雖然我無法賦予他人一個新人生,但是我可以創造出被賦予的現在這個瞬間。

每個人生都有美麗的一頁。

小林賢伍

攝影師、旅行作家————日本

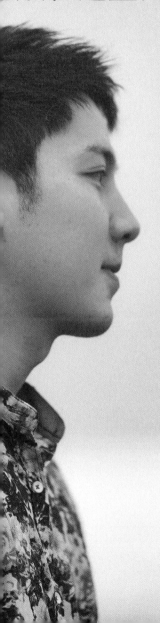

心放在這些肉眼看不到的事物」

この世界に、平等はない。

食料や水が行き届かない国。日々を命の危険と向き
合う国。戦争の現場に生きる彼らと私は違う。悲し
いことから目を背けない。

自分の目で見る。

自分の耳で聞く。

自分の手で持つ。

自分の足で歩く。

世界に対して真っ直ぐ向き合う。世界を感じて、命
を見つめなおし、又歩きだす。未来は秒刻みで変化
し何故か今、台湾にいる。

ひとには必ず人生がある。そうはいっても、目には
見えない。あなたの家族、今あなたの横にいる人、
地球の反対側にいる人、彼等は一体どれだけの過去
と苦楽を越えて今そこに存在し、何を想い、生きて
いるのだろうか？見えないものに目を向ける、これ
がわたしの人生のテーマだ。「知らなくても生きて
いけることを知ってこそ、人生は豊かになる。」私
の母の教えである。

僕は、人の分まで生きることはできない。

しかし、与えられた今を創造することができる。

すべての人生が、うつくしい。

台湾日記：我能做的，就是告訴全世界臺灣的美！／小林賢伍著
湯雅鈞，林嘉慶 譯 . -- 初版 . -- 臺北市：時報文化，2019.04
268 面；13.6×21 公分 . -- (Hello Design 叢書；HDI0034)
部分內容為日文
ISBN 978-957-13-7757-5(平裝)

1. 臺灣遊記 2. 旅遊文學
733.69   108004292

台湾日記：我能做的，就是告訴全世界臺灣的美！

作者、攝影—小林賢伍｜譯者與編輯協力—湯雅鈞、林嘉慶 ｜主編—郭佩怜｜編輯、校對—簡淑媛｜平面設計—田修銓｜攝影助理—鍾伯俞｜攝影空拍機—大海｜董事長—趙政岷｜出版者—時報文化出版企業股份有限公司 108019 臺北市和平西路三段 240 號 3 樓　發行專線—(02)2306-6842　讀者服務專線—0800-231-705‧(02)2304-7103　讀者服務傳真—(02)2304-6858 郵撥—19344724 時報文化出版公司　信箱—10899 臺北華江橋郵局第 99 信箱　時報悅讀網—http://www.readingtimes.com.tw ｜法律顧問 — 理律法律事務所 陳長文律師、李念祖律師｜印刷—和楹印刷有限公司｜初版一刷　2019 年 4 月 19 日｜初版六刷　2021 年 3 月 5 日｜定價　新臺幣 380 元｜版權所有 翻印必究（缺頁或破損的書，請寄回更換）

原住民旅行行程資料提供—雅比斯創意策略股份有限公司
原住民部落資料審定—林司降 Setjan、米田太華志 Lapai Lupiliyan、利錦鴻 Ulung Lupiliyan、劉凱勛 Maitjal Tjagaran
原住民阿米斯音樂節活動資料提供—米大創意有限公司
書籍製作協力—蕭子強、施儀蓁、陳仟霖

ISBN 978-957-13-7757-5
Printed in Taiwan

時報文化出版公司成立於一九七五年，並於一九九九年股票上櫃公開發行，於二〇〇八年脫離中時集團非屬旺中，以「尊重智慧與創意的文化事業」為信念。